Peter Dörsam

# Mathematik
in den Wirtschaftswissenschaften
# Aufgabensammlung
# mit Lösungen

Über 160 grundlegende Klausuraufgaben
mit ausführlichen Lösungsvorschlägen

8. überarbeitete und erweiterte Auflage

PD-Verlag Heidenau

**Bibliografische Information Der Deutschen Bibliothek**

Die Deutsche Bibliothek verzeichnet diese Publikation in der Deutschen Nationalbibliografie; detaillierte bibliografische Daten sind im Internet über http://dnb.ddb.de abrufbar.

1. Auflage Januar 1995 (ISBN 3-930737-10-8)
2. überarbeitete Auflage Oktober 1995 (ISBN 3-930737-12-4)
3. überarbeitete und erweiterte Auflage November 1996 (ISBN 3-930737-13-2)
4. überarbeitete und erweiterte Auflage April 1998 (ISBN 3-930737-14-0)
5. überarbeitete Auflage März 2000, 15. - 17. Tausend (ISBN 3-930737-15-9)
6. überarbeitete und erw. Auflage April 2001, 18. - 22. Tausend (ISBN 3-930737-16-7)
7. überarbeitete und erw. Auflage Januar 2003, 23. - 28. Tausend (ISBN 3-930737-17-5)
8. überarbeitete und erweiterte Auflage 2005, 29. - 36. Tausend

© 1995 - 2005 PD-Verlag, Everstorfer Str.19, 21258 Heidenau,
Tel. 04182/401037, FAX: 04182/401038
http://www.pd-verlag.de, e-mail: mail@pd-verlag.de
Druck: Clausen & Bosse, Leck

Das Werk, einschließlich aller Abbildungen, ist urheberrechtlich geschützt. Jede Verwertung außerhalb der Grenzen des Urhebergesetzes ist ohne Zustimmung des Verlages unzulässig und strafbar.

ISBN 3-930737-18-3

# Vorwort

*In der 3. Auflage wurden einige Aufgaben ergänzt, und es wurde ein Abschnitt zur linearen Optimierung aufgenommen. In der 4. Auflage wurden nochmals neue Aufgaben zu verschiedenen Gebieten hinzugefügt. Außerdem wurde die Hauptstruktur der Gliederung an den Titel "Mathematik - anschaulich dargestellt - für Studierende der Wirtschaftswissenschaften" angeglichen. In der 5. und 6. Auflage wurden einige Fehler behoben und einige Aufgaben ergänzt bzw. ausgetauscht. In der 7. Auflage wurden insbesondere im Bereich der Analysis Aufgaben hinzugefügt. Im 5. Kapitel wurde zudem die Gliederung weiter unterteilt. Bei der vorliegenden 8. Auflage wurden in zahlreichen Abschnitten Aufgaben ergänzt. Neu ist das Kapitel 8, dieses enthält einige Aufgaben zur Aussagenlogik und zu Mengen.*

*Die angeführten Aufgaben sollten keinesfalls so begriffen werden, dass man sich einfach nur die Lösungen anschaut. Ein wirklich nachhaltiger Lerneffekt wird sich nur einstellen, wenn man zuerst versucht, die Aufgaben selbst zu lösen. Erst wenn man an einer Stelle längere Zeit nicht weiterkommt, sollte man sich die Lösungsvorschläge anschauen.*

*Die Lösungsvorschläge sind meistens sehr ausführlich, so ausführlich brauchen die Aufgaben in der Regel in den Klausuren nicht gelöst zu werden - und es sind natürlich nur Lösungsvorschläge. Häufig lassen sich die Aufgaben auch anders lösen, und wer meint, andere Verfahren als die hier benutzten besser zu beherrschen, sollte diese anwenden. Allerdings ist darauf zu achten, dass bisweilen in den Klausuren bestimmte Lösungsverfahren gefordert werden. So wird z.B. bei Linearen Gleichungssystemen häufig gefordert, dass diese mit dem Gauß-Algorithmus gelöst werden sollen.*

*Trotz aller Sorgfalt können sich Fehler eingeschlichen haben - für entsprechende Hinweise bin ich jederzeit dankbar.*

*Eine relativ anschauliche Darstellung des Stoffes findet sich in meinem Buch "Mathemathik - anschaulich dargestellt - für Studierende* der Wirtschaftswissenschaften".

Vielen Dank an dieser Stelle an Matthias Brückner, Malte Claußen, Renate Dörsam, Oliver Krohne, Thomas Rilling und Michael Wachtendunk für die Durchsicht und Hinweise zur Verbesserung.

Vielen Dank auch an alle Studierenden aus meinen Mathekursen, die mir Hinweise auf Fehler oder Verbesserungsvorschläge gaben.

Peter Dörsam

# Inhaltsverzeichnis

## 1 Lineare Algebra 7
   1.1 Matrizen-Multiplikation     7
   1.2 Formale Auflösung von Matrizen-Gleichungen     16
   1.3 Lineare Abhängigkeit     24
   1.4 Vektorräume     28
   1.5 Determinanten, Rang, Inverse     42
   1.6 Lineare Gleichungssysteme (Gauß-Algorithmus)     56
   1.7 Weitere Aufgaben der linearen Algebra     67
   1.8 Lineare Optimierung     71

## 2 Grenzwerte 83

## 3 Differentialrechnung einer Veränderlichen 94
   3.1 Bestimmung von Extremwerten     94
   3.2 Weitere Aufgaben zur Differentialrechnung     111

## 4 Integralrechnung 119

## 5 Differentialrechnung mehrerer Veränderlicher 131
   5.1 Grundlagen zu Funktionen mehrerer Veränderlicher     131
   5.2 Partielle Ableitungen     133
   5.3 Extremwerte von Funktionen mit mehreren Variablen     136
   5.4 Lagrangemethode     143
   5.5 Totales Differential     154
   5.6 Abbildungen in den $R^n$     156

## 6 Differentialgleichungen 159

## 7 Finanzmathematik 166

## 8 Aussagenlogik und Mengen 170

## Index 174

# 1 Lineare Algebra

## 1.1 Matrizen-Multiplikation

**1.1.A** Gegeben sind die Matrizen:

$$A = \begin{pmatrix} 1 & 2 \\ 0 & 0 \\ 1 & 3 \end{pmatrix} \qquad B = \begin{pmatrix} 2 & 1 \\ 0 & 1 \\ 1 & 0 \end{pmatrix} \qquad C = \begin{pmatrix} 1 \\ 2 \\ 3 \end{pmatrix}$$

Berechnen Sie $A * B^T * C$ und $B * A^T * C$ !

**1.1.B** Ein Betrieb stellt zwei Typen von Endprodukten $E_1$ und $E_2$ aus vier verschiedenen Zwischenprodukten $Z_1$, $Z_2$, $Z_3$, $Z_4$ her. Die Zwischenprodukte werden aus den drei Rohstoffen $R_1$, $R_2$, $R_3$ gefertigt. Die Produktionskoeffizienten sind in den Tabellen A und B zusammengestellt:

| A | $Z_1$ | $Z_2$ | $Z_3$ | $Z_4$ |
|---|---|---|---|---|
| $R_1$ | 1 | 5 | 3 | 0 |
| $R_2$ | 4 | 8 | 0 | 9 |
| $R_3$ | 0 | 3 | 6 | 5 |

| B | $E_1$ | $E_2$ |
|---|---|---|
| $Z_1$ | 4 | 7 |
| $Z_2$ | 3 | 1 |
| $Z_3$ | 2 | 5 |
| $Z_4$ | 8 | 3 |

Sie geben an, wie viele Einheiten eines Rohstoffes zur Herstellung einer Zwischenprodukteinheit und wie viele Einheiten eines Zwischenproduktes zur Herstellung einer Endprodukteinheit benötigt werden. Bestimmen Sie mit Hilfe der Matrizenrechnung für jede Endprodukteinheit von $E_1$, $E_2$ die zugehörige Anzahl der verschiedenen erforderlichen Rohstoffeinheiten.

**1.1.C** Gegeben seien die Matrizen

$$A = \begin{pmatrix} 1 & -1 & 2 \\ 0 & 3 & 4 \end{pmatrix} \qquad B = \begin{pmatrix} 2 \\ -1 \\ 3 \end{pmatrix}$$

Berechnen Sie $A * B * B^T$ und $A * A^T * A$ !

**1.1.D** Gegeben sind der Vektor $x^T = (1, 1, 3)$ und die Matrix $M = \begin{pmatrix} 1 & 1 & 2 \\ 1 & 2 & 1 \\ 2 & 1 & 1 \end{pmatrix}$

Berechnen Sie die Produkte $x^T M$, $Mx$, $x^T M^2 x$, und $Mxx^T M$.

**1.1.E** Ein Betrieb stellt drei Erzeugnisse her, die auf vier Maschinen bearbeitet werden. Die Maschinenzeit je Erzeugniseinheit und die Produktionsmenge sind der folgenden Tabelle zu entnehmen:

| Maschinen | Maschinenzeit je Einheit des Erzeugnisses, (ZE/ME) | | |
|---|---|---|---|
| | 1 | 2 | 3 |
| 1 | 3 | 7 | 2 |
| 2 | 1 | 4 | 3 |
| 3 | 2 | 3 | 5 |
| 4 | 6 | 1 | 4 |
| Produktionsmenge (ME) | $x_1$ | $x_2$ | $x_3$ |

$= A$

Berechnen und interpretieren Sie die folgenden Größen.
Dabei ist x in b) und c) gegeben durch $x = (x_1, x_2, x_3) = (100, 30, 150)$
a) $(1\ 1\ 1\ 1) * A$
b) $A * x^T$
c) $(1\ 1\ 1\ 1) * A * x^T$

**1.1.F** Welche Wirkung hat die Matrix

$E_{13}(5) = \begin{pmatrix} 1 & 0 & 5 \\ 0 & 1 & 0 \\ 0 & 0 & 1 \end{pmatrix}$ auf die Matrix $A = \begin{pmatrix} a_{11} & a_{12} & a_{13} \\ a_{21} & a_{22} & a_{23} \\ a_{31} & a_{32} & a_{33} \end{pmatrix}$

, wenn A von a) links, b) rechts mit $E_{13}(5)$ multipliziert wird.

**1.1.G** Die beiden (3,3) Matrizen A=($a_{ij}$), B=($b_{ij}$) i,j = 1,2,3, seien durch $a_{ij} = i^2 - j$, $b_{ij} = i - j^2$ definiert.

Geben Sie A und B explizit an, und berechnen Sie $A + B^T$, $AA^T$, und $B^TB$.

**1.1.H** Gegeben seien die Matrizen
$$U = \begin{pmatrix} 0 & 0 & 1 & 2 \\ 3 & 0 & 0 & 1 \\ 2 & 3 & 0 & 0 \\ 1 & 2 & 3 & 0 \end{pmatrix}$$

$V^T = (-2, 0, 2, 3)$ und $W^T = (1, -1, 1, -1)$

Berechnen Sie a) $W^TUV$  b) $V^TU^TW$  und  c) $VW^T$

**1.1.I** Gegeben seien die Matrizen
$$A = \begin{pmatrix} 1 & 3 \\ 5 & 3 \end{pmatrix} \quad \text{und} \quad B = \begin{pmatrix} 1 & 0 & 3 \\ 0 & 2 & 0 \end{pmatrix}$$

Es seien X und E (2, 2)-Matrizen, wobei E die Einheitsmatrix ist. Berechnen Sie f(A) für $f(X) = X^2 - 4X - 12E$ und $(AB)^T - B^TA$

# Lösungsvorschläge zu 1.1:

**1.1.A** Die Berechnungen erfolgen nach dem Falkschen Schema; da das Matrizenprodukt assoziativ ist, ist es egal, ob zuerst das erste oder das zweite Produkt berechnet wird (die Reihenfolge muss allerdings beachtet werden). Im Folgenden wird jeweils das erste Produkt zuerst berechnet. Das Ergebnis der ersten Multiplikation wird dann mit der dritten Matrix multipliziert.

$$
\begin{array}{c|ccc|c}
 & \multicolumn{3}{c|}{B^T} & C \\
 &   &   &   & 1 \\
 & 2 & 0 & 1 & 2 \\
 & 1 & 1 & 0 & 3 \\
\hline
\begin{matrix}1 & 2\\0 & 0\\1 & 3\end{matrix} & \begin{matrix}4\\0\\5\end{matrix} & \begin{matrix}2\\0\\3\end{matrix} & \begin{matrix}1\\0\\1\end{matrix} & \begin{matrix}11\\0\\14\end{matrix}
\end{array}
\quad = A * B^T * C
$$

$$
\begin{array}{c|ccc|c}
 &   &   &   & 1 \\
 & 1 & 0 & 1 & 2 \\
 & 2 & 0 & 3 & 3 \\
\hline
\begin{matrix}2 & 1\\0 & 1\\1 & 0\end{matrix} & \begin{matrix}4\\2\\1\end{matrix} & \begin{matrix}0\\0\\0\end{matrix} & \begin{matrix}5\\3\\1\end{matrix} & \begin{matrix}19\\11\\4\end{matrix}
\end{array}
\quad = B * A^T * C
$$

**1.1.B** Hier müssen einfach die beiden Matrizen miteinander multipliziert werden.

$$A * B = \begin{pmatrix} 25 & 27 \\ 112 & 63 \\ 61 & 48 \end{pmatrix}$$

Diese Matrix ergibt in Tabellenform:

|       | $E_1$ | $E_2$ |
|-------|-------|-------|
| $R_1$ | 25    | 27    |
| $R_2$ | 112   | 63    |
| $R_3$ | 61    | 48    |

Die Werte in der Tabelle geben an, wieviel Einheiten des jeweiligen Rohstoffes für das jeweilige Endprodukt benötigt werden.

## 1.1.C

$$\begin{array}{cc|ccc}
 & & 2 & & \\
 & & -1 & & \\
 & & 3 & 2 & -1 & 3 \\
\hline
1 & -1 & 2 & 9 & 18 & -9 & 27 \\
0 & 3 & 4 & 9 & 18 & -9 & 27
\end{array}$$
$= A * B * B^T$

$$\begin{array}{ccc|cc|ccc}
 & & & 1 & 0 & & & \\
 & & & -1 & 3 & 1 & -1 & 2 \\
 & & & 2 & 4 & 0 & 3 & 4 \\
\hline
1 & -1 & 2 & 6 & 5 & 6 & 9 & 32 \\
0 & 3 & 4 & 5 & 25 & 5 & 70 & 110
\end{array}$$
$= A * A^T * A$

## 1.1.D Es ergibt sich:

$$\begin{array}{ccc|ccc}
 & & & 1 & 1 & 2 \\
 & & & 1 & 2 & 1 \\
 & & & 2 & 1 & 1 \\
\hline
1 & 1 & 3 & (8 & 6 & 6)
\end{array} = \mathbf{x^T M}$$

$$\begin{array}{ccc|c}
 & & & 1 \\
 & & & 1 \\
 & & & 3 \\
\hline
1 & 1 & 2 & \begin{pmatrix} 8 \\ 6 \\ 6 \end{pmatrix} \\
1 & 2 & 1 & \\
2 & 1 & 1 &
\end{array} = \mathbf{Mx}$$

Bei den nachfolgenden Berechnungen werden die Terme zunächst umgeformt. Mittels der zuvor berechneten Ausdrücke kann die Rechnung dann vereinfacht werden.

$\mathbf{x^T M^2 x} = x^T M M x = (x^T M)(M x)$ (denn es gilt das Assoziativgesetz)

$\Rightarrow$
$$\begin{array}{ccc|c}
 & & & 8 \\
 & & & 6 & Mx \\
 & & & 6 \\
\hline
x^T M & 8 & 6 & 6 & 64 + 36 + 36 = \mathbf{136} = x^T M^2 x
\end{array}$$

$Mxx^TM = (Mx)(x^TM)$

$$\begin{array}{c|ccc}
 & \multicolumn{3}{c}{x^TM} \\
 & 8 & 6 & 6 \\
\hline
\phantom{Mx}\;8 & 64 & 48 & 48 \\
Mx\;6 & 48 & 36 & 36 \\
\phantom{Mx}\;6 & 48 & 36 & 36
\end{array} = Mxx^TM$$

## 1.1.E

$$\begin{array}{cccc|ccc}
 & & & & 3 & 7 & 2 \\
 & & & & 1 & 4 & 3 \\
 & & & & 2 & 3 & 5 \\
 & & & & 6 & 1 & 4 \\
\hline
1 & 1 & 1 & 1 & (12 & 15 & 14)
\end{array} = (1\;1\;1\;1) * A$$

Für die einzelnen Erzeugnisse werden die Maschinenlaufzeiten der verschiedenen Maschinen, jeweils für die Produktion eines Erzeugnisses, addiert. Der Ergebnisvektor gibt also an, wieviel Maschinenlaufzeit, auf allen Maschinen zusammen, das jeweilige Erzeugnis benötigt. Für die Produktion des zweiten Erzeugnisses werden z. B. insgesamt 15 Maschinenstunden benötigt.

b) $A * x^T$:

$$\begin{array}{ccc|c}
 & & & 100 \\
 & & & 30 \\
 & & & 150 \\
\hline
3 & 7 & 2 & 810 \\
1 & 4 & 3 & 670 \\
2 & 3 & 5 & 1040 \\
6 & 1 & 4 & 1230
\end{array}$$

Für die einzelnen Machinen werden die Maschinenlaufzeiten für die verschiedenen Produkte addiert. Es ergibt sich die bei der gegebenen Produktionsmenge insgesamt erforderliche Maschinenlaufzeit für die jeweilige Maschine.

c) $(1\;1\;1\;1) * A * x^T = (1\;1\;1\;1) * (A * x^T)$

$(A * x^T)$ wurde zuvor bereits berechnet, somit ergibt sich:

|   |   |   |   | 810 |
|---|---|---|---|---|
|   |   |   |   | 670 |
|   |   |   |   | 1040 |
|   |   |   |   | 1230 |
| 1 | 1 | 1 | 1 | 3750 |

Die Maschinenlaufzeiten der einzelnen Maschinen werden addiert, somit ergibt sich die Laufzeit aller Maschinen zusammen bei der gegebenen Produktionsmenge.

**1.1.F** $E_{13}(5)$ ist die Einheitsmatrix, bei der in der ersten Zeile und dritten Spalte die Null durch eine 5 ersetzt wurde.

a) A soll von links mit $E_{13}(5)$ multipliziert werden, also ist $E_{13}(5) * A$ zu berechnen.

|   |   |   | $a_{11}$ | $a_{12}$ | $a_{13}$ |
|---|---|---|---|---|---|
|   |   |   | $a_{21}$ | $a_{22}$ | $a_{23}$ |
|   |   |   | $a_{31}$ | $a_{32}$ | $a_{33}$ |
| 1 | 0 | 5 | $a_{11}+5a_{31}$ | $a_{12}+5a_{32}$ | $a_{13}+5a_{33}$ |
| 0 | 1 | 0 | $a_{21}$ | $a_{22}$ | $a_{23}$ |
| 0 | 0 | 1 | $a_{31}$ | $a_{32}$ | $a_{33}$ |

Es wird also gerade zur ersten Zeile jeweils das 5-fache der 3. Zeile addiert.

b) Analog zu a) ergibt sich, dass jeweils zur dritten Spalte das 5-fache der 1. Spalte addiert wird.

**1.1.G** Hier sollen zunächst die Matrizen explizit angegeben werden. Dies bedeutet, dass die Elemente ($a_{11}$.......$a_{33}$) gemäß der gegebenen Definition berechnet werden müssen.

$a_{ij} = i^2 - j$ ergibt: $a_{11} = 1^2 - 1 = 0$, $a_{12} = 1^2 - 2 = -1$ usw.

Insgesamt ergibt sich:

$$A = \begin{pmatrix} 0 & -1 & -2 \\ 3 & 2 & 1 \\ 8 & 7 & 6 \end{pmatrix} \quad \text{und} \quad B = \begin{pmatrix} 0 & -3 & -8 \\ 1 & -2 & -7 \\ 2 & -1 & -6 \end{pmatrix}$$

$\Rightarrow A + B^T = 0$ ,denn für die Matrizen gilt $A = -B^T$

$$
\begin{array}{c|ccc}
AA^T & 0 & 3 & 8 \\
 & -1 & 2 & 7 \\
 & -2 & 1 & 6 \\
\hline
\begin{matrix} 0 & -1 & -2 \\ 3 & 2 & 1 \\ 8 & 7 & 6 \end{matrix} & \begin{pmatrix} 5 & -4 & -19 \\ -4 & 14 & 44 \\ -19 & 44 & 149 \end{pmatrix} & & = AA^T
\end{array}
$$

$B^T B$ kann genauso wie zuvor berechnet werden, es geht aber auch einfacher, denn es gilt:

$$B^T B = (-A)(-A^T) = AA^T = \begin{pmatrix} 5 & -4 & -19 \\ -4 & 14 & 44 \\ -19 & 44 & 149 \end{pmatrix}$$

**1.1.H** a)

$$
\begin{array}{c|cccc|c}
 & 0 & 0 & 1 & 2 & -2 \\
 & 3 & 0 & 0 & 1 & 0 \\
 & 2 & 3 & 0 & 0 & 2 \\
 & 1 & 2 & 3 & 0 & 3 \\
\hline
1 \ -1 \ 1 \ -1 & -2 & 1 & -2 & 1 & 3 = W^T * U * V
\end{array}
$$

b)

$$
\begin{array}{c|cccc|c}
 & 0 & 3 & 2 & 1 & 1 \\
 & 0 & 0 & 3 & 2 & -1 \\
 & 1 & 0 & 0 & 3 & 1 \\
 & 2 & 1 & 0 & 0 & -1 \\
\hline
-2 \ 0 \ 2 \ 3 & 8 & -3 & -4 & 4 & 3 = V^T * U^T * W
\end{array}
$$

Alternativ hätte man mittels des Ergebnisses aus a) auch folgende Rechnung durchführen können:

$$3^T = (W^T * U * V)^T = V^T * (W^T * U)^T = V^T * U^T * W$$

Also: $V^T * U^T * W = 3^T = 3$

c)

$VW^T$

$$
\begin{array}{c|cccc}
 & 1 & -1 & 1 & -1 \\
\hline
-2 & -2 & 2 & -2 & 2 \\
0 & 0 & 0 & 0 & 0 \\
2 & 2 & -2 & 2 & -2 \\
3 & 3 & -3 & 3 & -3
\end{array}
$$

**1.1.I** $f(A) = A^2 - 4A - 12E$

$$f(A) = \begin{pmatrix} 1 & 3 \\ 5 & 3 \end{pmatrix}^2 - 4*\begin{pmatrix} 1 & 3 \\ 5 & 3 \end{pmatrix} - 12*\begin{pmatrix} 1 & 0 \\ 0 & 1 \end{pmatrix}$$

$$\begin{array}{cc|cc}
 & & 1 & 3 \\
 & & 5 & 3 \\
\hline
1 & 3 & 16 & 12 \\
5 & 3 & 20 & 24
\end{array} = A^2$$

$$\Rightarrow \begin{pmatrix} 16 & 12 \\ 20 & 24 \end{pmatrix} - \begin{pmatrix} 4 & 12 \\ 20 & 12 \end{pmatrix} - \begin{pmatrix} 12 & 0 \\ 0 & 12 \end{pmatrix} = \begin{pmatrix} 0 & 0 \\ 0 & 0 \end{pmatrix}$$

$$\begin{array}{cc|ccc}
 & & 1 & 0 & 3 \\
 & & 0 & 2 & 0 \\
\hline
1 & 3 & 1 & 6 & 3 \\
5 & 3 & 5 & 6 & 15
\end{array} = A*B$$

$$\begin{array}{ccc|cc}
 & & & 1 & 3 \\
 & & & 5 & 3 \\
\hline
1 & 0 & & 1 & 3 \\
0 & 2 & & 10 & 6 \\
3 & 0 & & 3 & 9
\end{array} = B^T*A$$

$$(AB)^T - B^T A = \begin{pmatrix} 1 & 5 \\ 6 & 6 \\ 3 & 15 \end{pmatrix} - \begin{pmatrix} 1 & 3 \\ 10 & 6 \\ 3 & 9 \end{pmatrix} = \begin{pmatrix} 0 & 2 \\ -4 & 0 \\ 0 & 6 \end{pmatrix}$$

## 1.2 Formale Auflösung von Matrizen-Gleichungen

**1.2.A** Es seien A, B und X (n, n)-Matrizen, wobei A und B nichtsingulär sind. Lösen Sie die folgende Gleichung nach X auf:
$A(X + B) = BX$.

**1.2.B** Es seien A, B, X und E (n, n) − Matrizen, wobei E die Einheitsmatrix ist. Lösen Sie formal die Matrixgleichung
$AX + X = B(E - X)$ nach X auf.

**1.2.C** Lösen Sie die Matrizengleichung
$(AX - B)^T - 4X = B + (AX)^T - ABX$ formal nach X auf.

**1.2.D** Man löse die folgende Matrixgleichung formal nach X auf
(I = Einheitsmatrix):
$AX + (X - I)^2 = X + X^2$

**1.2.E** Die Matrizen X und A seien invertierbar, und A sei außerdem symmetrisch. Lösen Sie unter diesen Voraussetzungen die Matrizengleichung
$X(I + AX) = ((A - I)X^T)^T$ nach X auf.

**1.2.F** Es seien A, B, C und X (n, n)-Matrizen, wobei A, B und C nichtsingulär sind. Lösen Sie die folgenden Gleichungen nach X auf:

1.2.F.1  $A * X * B = C * B$

1.2.F.2  $\begin{pmatrix} 1 & 2 \\ 1 & 0 \end{pmatrix} - X * \begin{pmatrix} 1 & 1 \\ 1 & 0 \end{pmatrix} + \begin{pmatrix} 1 & 2 \\ 1 & 0 \end{pmatrix} * X = \begin{pmatrix} 0 & 3 \\ 1 & 1 \end{pmatrix}$

**1.2.G** Es seien A, B, C und X (n, n)-Matrizen.
Lösen Sie die Matrizengleichung $A(X+B)^T = (XC)^T$
formal nach X auf.

## 1.2 Formales Rechnen mit Matrizen

**1.2.H** Sei $F = (X^T X)^{-1} X^T$

Zeigen Sie, dass $(FF^T)^{-1}$ durch ein geeignetes Produkt, bestehend nur aus den beiden Matrizen $X^T$ und $X$, darstellbar ist.

**1.2.I** Lösen Sie die Matrizengleichung

$(A + X)^2 = (X - I)^2 + ((A - I)^T X^T)^T$

formal nach $X$ auf. $I$ ist die identische bzw. Einheitsmatrix.

**1.2.J** Gegeben seien die Matrizen

$A = \begin{pmatrix} 1 & 0 \\ 1 & -1 \end{pmatrix} \qquad B = \begin{pmatrix} 2 & 1 \\ -1 & 1 \end{pmatrix} \qquad C = \begin{pmatrix} 1 & 2 \\ 3 & 4 \end{pmatrix}$

und die Matrizengleichung $\quad BX + A^T = 2(X - C)$
Lösen Sie die Matrizengleichung formal nach $X$ auf, und berechnen Sie dann $X$.

**1.2.K** Es seien $B$, $I$ und $X$ reguläre $(n, n)$-Matrizen, wobei $I$ die Einheitsmatrix ist. Geben Sie an, welche der nachfolgend durchgeführten Umformungsschritte falsch sind, betrachten Sie also jeweils die einzelnen Umformungsschritte, unabhängig davon, ob bereits bei den vorherigen Umformungen Fehler aufgetreten sind. Begründen Sie ggf. kurz, wo der Fehler liegt.

$X(I + BX) = ((B + I)X^T)^T$

$X + BX^2 = ((B + I)X^T)^T \qquad\qquad (i)$

$X + BX^2 = (B + I)^T X \qquad\qquad (ii)$

$X + BX^2 = (B^T + I^T)X \qquad\qquad (iii)$

$X + BX^2 = B^T X + X \qquad\qquad (iv)$

$BX^2 = B^T X \qquad\qquad (v)$

$BX = B^T \qquad\qquad (vi)$

$X = B^T B^{-1} \qquad\qquad (vii)$

# Lösungsvorschläge zu 1.2:

Die Gleichungen müssen zunächst so umgeformt werden, dass alle Terme mit X auf der einen Seite und alle Terme ohne X auf der anderen Seite stehen. Danach wird X ausgeklammert und die Gleichung anschließend mit dem Inversen des bei X verbliebenen Terms multipliziert. Da die Matrizenmultiplikation nicht kommutativ ist, muss natürlich bei dem Ausklammern und der Multiplikation der Gleichung mit Matrizen zwischen der Multiplikation von rechts und von links unterschieden werden. Bei den ersten beiden Aufgaben gilt es lediglich, die zuvor beschriebenen Schritte durchzuführen. Bei den nachfolgenden Aufgaben treten zusätzliche Problemstellungen auf. Hinter dem senkrechten Strich am Ende der Gleichungen wird angegeben, welche Operation mit den Gleichungen durchgeführt wird.

**1.2.A**   $A(X+B) = BX$

$\Leftrightarrow AX + AB = BX \;|\; -BX - AB$

$\Leftrightarrow AX - BX = -AB$

$\Leftrightarrow (A - B)X = -AB \;|\; *(A-B)^{-1}$ von links

$\Leftrightarrow \quad \mathbf{X = -(A-B)^{-1} * AB}$

**1.2.B**   $AX + X = B(E - X)$

$\Leftrightarrow AX + X = BE - BX \;|\; + BX$

$\Leftrightarrow AX + X + BX = B$

$\Leftrightarrow (A + E + B)X = B \;|\; *(A + E + B)^{-1}$ von links

$\Leftrightarrow \mathbf{X = (A + E + B)^{-1} * B}$

**1.2.C**   Zunächst werden die "T's" in die Klammern hineingezogen. Bei einer Summe oder einer Differenz (+ oder −) kann das "T" einfach auf die einzelnen Terme angewendet werden, bei einem Produkt muss beim Anwenden des "T's" auf die einzelnen Faktoren die Reihenfolge der Faktoren vertauscht werden. (Die Sinnhaftigkeit dieser Regeln kann man an einfachen Beispielen leicht nachrechnen.) Da sich auf beiden Seiten die gleichen Produkte ergeben, brauchen die Produkte hier aber nicht weiter aufgelöst zu werden:

$(AX - B)^T - 4X = B + (AX)^T - ABX$

$\Leftrightarrow (AX)^T - B^T - 4X = B + (AX)^T - ABX \;|\; -(AX)^T$

$\Leftrightarrow -B^T - 4X = B - ABX \mid +B^T + ABX$

$\Leftrightarrow ABX - 4X = B + B^T$  beim Ausklammern muss bei der 4 eine Einheitsmatrix (I) ergänzt werden

$\Leftrightarrow (AB - 4I)X = B + B^T \mid *(AB - 4I)^{-1}$ von links

$\Leftrightarrow X = (AB - 4I)^{-1} * (B + B^T)$

**1.2.D** Zunächst müssen die Klammern aufgelöst werden:

$AX + (X - I)^2 = X + X^2$

$\Leftrightarrow AX + (X - I) * (X - I) = X + X^2$

$\Leftrightarrow AX + X^2 - X*I - I*X + I^2 = X + X^2$

$\Leftrightarrow AX + X^2 - X - X + I = X + X^2$

$\Leftrightarrow AX + X^2 - 2X + I = X + X^2 \mid -X - X^2 - I$

$\Leftrightarrow AX - 3X = -I$

$\Leftrightarrow (A - 3I)X = -I \mid *(A - 3I)^{-1}$

$\Leftrightarrow X = -(A - 3I)^{-1}$

**1.2.E** $X(I + AX) = ((A - I)X^T)^T$

$\Leftrightarrow X(I + AX) = X(A - I)^T$

$\Leftrightarrow X(I + AX) = X(A^T - I^T)$  Nach Voraussetzung gilt $A^T = A$, und stets gilt $I^T = I$

$\Leftrightarrow X(I + AX) = X(A - I) \mid *X^{-1}$ (von links malnehmen)

$\Leftrightarrow I + AX = A - I \mid -I$

$\Leftrightarrow AX = A - 2I \mid *A^{-1}$ (von links malnehmen)

$\Leftrightarrow X = A^{-1} * (A - 2I) = I - 2A^{-1}$

**1.2.F** Dass die Matrizen nichtsingulär sind, ist gleichbedeutend damit, dass sie invertierbar sind. Die erste Teilaufgabe lässt sich sehr einfach lösen:

**1.2.F.1** $A * X * B = C * B \mid *B^{-1}$ von rechts

$\Leftrightarrow A * X = C \quad \mid *A^{-1}$ von links

$\Leftrightarrow X = A^{-1} * C$

**1.2.F.2** Diese Aufgabe ist etwas schwieriger als die anderen, denn hier kann X nicht formal durch Auflösen nach X bestimmt werden. Da X einmal von links und einmal von rechts mit einer anderen Matrix multipliziert wird, kann es nicht einfach ausgeklammert werden.

$$\begin{pmatrix} 1 & 2 \\ 1 & 0 \end{pmatrix} - X * \begin{pmatrix} 1 & 1 \\ 1 & 0 \end{pmatrix} + \begin{pmatrix} 1 & 2 \\ 1 & 0 \end{pmatrix} * X = \begin{pmatrix} 0 & 3 \\ 1 & 1 \end{pmatrix}$$

In der Aufgabenstellung stand, dass X eine (n, n)-Matrix ist. Also muss es sich in diesem Aufgabenteil um eine (2, 2)-Matrix handeln, denn sonst könnten die Multiplikationen nicht ausgeführt werden. Wenn man X nun als zunächst unbekannte (2, 2)-Matrix ansetzt, lautet die Gleichung:

$$\begin{pmatrix} 1 & 2 \\ 1 & 0 \end{pmatrix} - \begin{pmatrix} x_{11} & x_{12} \\ x_{21} & x_{22} \end{pmatrix} * \begin{pmatrix} 1 & 1 \\ 1 & 0 \end{pmatrix} + \begin{pmatrix} 1 & 2 \\ 1 & 0 \end{pmatrix} * \begin{pmatrix} x_{11} & x_{12} \\ x_{21} & x_{22} \end{pmatrix} = \begin{pmatrix} 0 & 3 \\ 1 & 1 \end{pmatrix}$$

Die Matrizenprodukte können nun berechnet werden:

|  | 1 | 1 |
|---|---|---|
|  | 1 | 0 |
| $x_{11}\ x_{12}$ | $x_{11} + x_{12}$ | $x_{11}$ |
| $x_{21}\ x_{22}$ | $x_{21} + x_{22}$ | $x_{21}$ |

|  | $x_{11}$ | $x_{12}$ |
|---|---|---|
|  | $x_{21}$ | $x_{22}$ |
| 1  2 | $x_{11}+2x_{21}$ | $x_{12}+2x_{22}$ |
| 1  0 | $x_{11}$ | $x_{12}$ |

Somit ergibt sich:

$$\begin{pmatrix} 1 & 2 \\ 1 & 0 \end{pmatrix} - \begin{pmatrix} x_{11}+x_{12} & x_{11} \\ x_{21}+x_{22} & x_{21} \end{pmatrix} + \begin{pmatrix} x_{11}+2x_{21} & x_{12}+2x_{22} \\ x_{11} & x_{12} \end{pmatrix} = \begin{pmatrix} 0 & 3 \\ 1 & 1 \end{pmatrix}$$

$$\Leftrightarrow -\begin{pmatrix} x_{11}+x_{12} & x_{11} \\ x_{21}+x_{22} & x_{21} \end{pmatrix} + \begin{pmatrix} x_{11}+2x_{21} & x_{12}+2x_{22} \\ x_{11} & x_{12} \end{pmatrix} = \begin{pmatrix} -1 & 1 \\ 0 & 1 \end{pmatrix}$$

Eine Matrizengleichung muss immer in allen Komponenten gelten, somit ergeben sich 4 Gleichungen, die erfüllt sein müssen:

$$-x_{11} - x_{12} + x_{11} + 2x_{21} = -1$$
$$-x_{11} + x_{12} + 2x_{22} = 1$$
$$-x_{21} - x_{22} + x_{11} = 0$$
$$-x_{21} + x_{12} = 1$$

Die erste Gleichung ergibt vereinfacht:

$$-x_{12} + 2x_{21} = -1$$

Addiert man nun zu dieser Gleichung die vierte Gleichung, ergibt sich:

$$-x_{12} + 2x_{21} = -1$$
$$+(-x_{21} + x_{12} = 1)$$
$$x_{21} = 0$$

Setzt man dieses wieder in die erste Gleichung ein, folgt:

$$-x_{12} + 2*0 = -1 \Leftrightarrow x_{12} = 1$$

Nun werden diese beiden Resultate in die zweite und dritte Gleichung eingesetzt:

$$-x_{11} + 1 + 2x_{22} = 1$$
$$0 - x_{22} + x_{11} = 0$$

Die Addition der beiden Gleichungen ergibt:

$$1 + x_{22} = 1 \Leftrightarrow x_{22} = 0$$

Insgesamt ergibt sich für X also:

$$X = \begin{pmatrix} 0 & 1 \\ 0 & 0 \end{pmatrix}$$

**1.2.G** Am geschicktesten wird hier zunächst die ganze Gleichung transponiert:

$$A(X+B)^T = (XC)^T \mid T$$

$$\Leftrightarrow (X+B)A^T = XC \Leftrightarrow XA^T - XC = -BA^T$$

$$\Leftrightarrow X(A^T - C) = -BA^T \mid *(A^T - C)^{-1} \text{ von rechts}$$

$$\Leftrightarrow X = -BA^T * (A^T - C)^{-1}$$

**1.2.H** Zunächst wird F vereinfacht. Es gilt bei Matrizen

$$(AB)^{-1} = B^{-1}A^{-1}$$
$$\Rightarrow F = (X^T X)^{-1} X^T$$
$$= X^{-1}(X^T)^{-1} X^T$$
$$= X^{-1} I = X^{-1}$$

Somit ergibt sich für $(FF^T)^{-1}$

$$(FF^T)^{-1} = \left(X^{-1}(X^{-1})^T\right)^{-1} = \left((X^{-1})^T\right)^{-1}(X^{-1})^{-1}$$

$$= X^T X$$

**1.2.I** $(A + X)^2 = (X - I)^2 + ((A - I)^T X^T)^T$

$\Leftrightarrow A^2 + AX + XA + X^2 = X^2 - XI - IX + I^2 + X(A - I) \mid -X^2$

$\Leftrightarrow A^2 + AX + XA = -X - X + I + XA - X \mid -XA - A^2 + 3X$

$\Leftrightarrow AX + 3X = I - A^2$

$\Leftrightarrow (A + 3I)X = I - A^2$

$\Leftrightarrow X = (A + 3I)^{-1}(I - A^2)$

**1.2.J** $BX + A^T = 2(X - C) \mid -BX$

$\Leftrightarrow A^T = 2X - 2C - BX \mid +2C$

$\Leftrightarrow A^T + 2C = 2X - BX$

$\Leftrightarrow A^T + 2C = (2I - B)X \mid *(2I - B)^{-1}$ von links

$\Leftrightarrow (2I - B)^{-1} * (A^T + 2C) = X$

Um X berechnen zu können, muss nun die Inverse von (2I − B) gebildet werden. Die Inverse wird im Folgenden über die adjungierte Matrix gebildet. (Etwas einfacher ist es in diesem Fall, indem man die Einheitsmatrix hinter die Matrix schreibt und dann umformt.)

$$2I - B = \begin{pmatrix} 2 & 0 \\ 0 & 2 \end{pmatrix} - \begin{pmatrix} 2 & 1 \\ -1 & 1 \end{pmatrix} = \begin{pmatrix} 0 & -1 \\ 1 & 1 \end{pmatrix}$$

Zunächst wird die Determinante dieser Matrix gebildet. Es ergibt sich:

$$\det(2I - B) = 0 * 1 - 1 * (-1) = 1$$

Da es sich um eine 2∗2 Matrix handelt, ergeben sich beim Bilden der adjungierten Matrix Unterdeterminanten, die nur aus einzelnen Zahlen bestehen. Die Determinante einer Zahl ist aber nun die Zahl selbst. Somit ergibt sich für die adjungierte Matrix unter Berücksichtigung des Vorzeichenschemas und der notwendigen Transposition:

$$\text{adj}(2I - B) = \begin{pmatrix} 1 & 1 \\ -1 & 0 \end{pmatrix}$$

Die Inverse Matrix ergibt sich, wenn die Adjungierte nun noch durch die Determinante geteilt wird. Da die Determinante hier aber 1 ist, erübrigt sich dieser Schritt, die Adjungierte ist bereits die Inverse.

Für X hatte sich ergeben: $X = (2I - B)^{-1} * (A^T + 2C)$

$\Leftrightarrow X = \begin{pmatrix} 1 & 1 \\ -1 & 0 \end{pmatrix} * \left( \begin{pmatrix} 1 & 1 \\ 0 & -1 \end{pmatrix} + \begin{pmatrix} 2 & 4 \\ 6 & 8 \end{pmatrix} \right)$

$\Leftrightarrow X = \begin{pmatrix} 1 & 1 \\ -1 & 0 \end{pmatrix} * \begin{pmatrix} 3 & 5 \\ 6 & 7 \end{pmatrix} = \begin{pmatrix} 9 & 12 \\ -3 & -5 \end{pmatrix}$

**1.2.K** Für die einzelnen Schritte ergibt sich:

$$X(I + BX) = ((B + I)X^T)^T$$

$$X + BX^2 = ((B + I)X^T)^T \qquad \text{(i)}$$

Der Schritt (i) ist falsch, das X steht auf der linken Seite der Klammer, daher müssen die einzelnen Terme von links mit X multipliziert werden. (Richtig würde die linke Seite lauten: X + XBX)

$$X + BX^2 = (B + I)^T X \qquad \text{(ii)}$$

Der Schritt (ii) ist falsch, auf der rechten Seite wird das „T" in die Klammer hineingezogen, da in der Klammer ein Produkt steht, muss die Reihenfolge der Faktoren vertauscht werden. (Richtig würde die rechte Seiten lauten: $X(B + I)^T$)

$$X + BX^2 = (B^T + I^T)X \qquad \text{(iii)}$$

$$X + BX^2 = B^T X + X \qquad \text{(iv)}$$

(Die Umformung ist korrekt, es gilt: $I^T = I$ und $I * X = X$)

$$BX^2 = B^T X \qquad \text{(v)}$$

$$BX = B^T \qquad \text{(vi)}$$

$$X = B^T B^{-1} \qquad \text{(vii)}$$

Der Schritt (vii) ist falsch, damit das B auf der linken Seite „verschwindet", muss die Gleichung von links mit $B^{-1}$ multipliziert werden, entsprechend müsste sich auf der rechten Seite $B^{-1}B^T$ ergeben.

# 1.3 Lineare Abhängigkeit

**1.3.A** Bestimmen Sie s und t so, dass die Vektoren $(1, s, t)^T$, $(2, t, s)^T$, und $(5, 3, 6)^T$ linear abhängig sind.

**1.3.B** Prüfen Sie die Vektoren $(3, 1, 2, 2,)^T$, $(5, 2, 1, 4)^T$ und $(5, 1, 8, 2)^T$ auf lineare Abhängigkeit.

**1.3.C** Untersuchen Sie die Vektoren
$r_1 = (-1, -1, 2)$, $r_2 = (-1, 2, -1)$ und $r_3 = (2, -3, 2)$
auf lineare Abhängigkeit!
Lässt sich $r_1$ als Linearkombination von $r_2$ und $r_3$ darstellen?

**1.3.D** Sei V der Vektorraum der (2 x 2)-Matrizen auf $\mathbb{R}$. Untersuchen Sie, ob die folgenden Matrizen A, B, C $\in$ V linear unabhängig sind:

$$A = \begin{pmatrix} 1 & 1 \\ 1 & 1 \end{pmatrix}, \quad B = \begin{pmatrix} 1 & 0 \\ 0 & 1 \end{pmatrix} \quad \text{und} \quad C = \begin{pmatrix} 1 & 1 \\ 0 & 0 \end{pmatrix}$$

# Lösungsvorschläge zu 1.3:

**1.3.A** Die Vektoren sind als (1, 3) Matrizen geschrieben, daher bedeutet das T, dass die angegebenen Zeilenvektoren transponiert werden sollen, so dass sich Spaltenvektoren ergeben (für die Untersuchung auf lineare Abhängigkeit ist es aber eigentlich egal, ob die Vektoren transponiert werden). Bei der Untersuchung von drei Vektoren aus dem $R^3$ auf lineare Abhängigkeit benutzt man am besten die Determinante der drei Vektoren. Diese ist genau dann gleich Null, wenn die Vektoren linear abhängig sind.

$$\det \begin{pmatrix} 1 & 2 & 5 \\ s & t & 3 \\ t & s & 6 \end{pmatrix} = \begin{vmatrix} 1 & 2 & 5 \\ s & t & 3 \\ t & s & 6 \end{vmatrix} = 1*t*6 + 2*3*t + 5*s*s - t*t*5 - s*3*1 - 6*s*2$$

Die Berechnung erfolgte hier nach der Regel von Sarrus:

Wenn die drei Vektoren linear abhängig sein sollen, so muss die Determinante gleich Null sein, also muss gelten:

$6t + 6t + 5s^2 - 5t^2 - 3s - 12s = 0 \Leftrightarrow 12t - 5t^2 + 5s^2 - 15s = 0$

Diese Gleichung kann beliebig viele Lösungen haben. Nach der Aufgabenstellung reicht es aber, eine einzige zu finden. Hierzu kann man für einen der beiden Parameter einfach eine Zahl einsetzen und dann prüfen, ob es eine Lösung für den anderen Parameter gibt. (Meistens wird es eine Lösung für den anderen Parameter geben. Ist dies nicht der Fall, so muss man es mit einem anderen Wert für den ersten Parameter versuchen.) Im vorliegenden Fall vereinfacht sich die Gleichung, wenn man einen der beiden Parameter gleich Null setzt. Für s=0 ergibt sich:

$12t - 5t^2 = 0 \Leftrightarrow (12 - 5t)t = 0 \Leftrightarrow 12 - 5t = 0 \lor t = 0$

$\Leftrightarrow t = 2,4 \lor t = 0$

Also sind die Vektoren, z.B. für s und t gleich Null, linear abhängig.

**1.3.B** Da es sich hier nur um 3 Vektoren aus dem $\mathbb{R}^4$ handelt, kann die lineare Abhängigkeit dieser Vektoren nicht mit Hilfe der Determinante überprüft werden. Hier muss auf die ursprüngliche Definition der linearen Abhängigkeit zurückgegriffen werden. Drei Vektoren sind linear unabhängig, wenn die folgende Gleichung nur für $\lambda, \mu$ und $\nu$ gleich Null gelöst werden kann:

$$\lambda(3, 1, 2, 2,)^T + \mu(5, 2, 1, 4)^T + \nu(5, 1, 8, 2)^T = 0$$

Da eine **Vektorgleichung** immer in allen Komponenten gelten muss, ergeben sich vier Gleichungen. Statt diese zu lösen, betrachtet man aber einfacher den Rang der **Koeffizientenmatrix**. Nur wenn ihr Rang kleiner als 3 ist, hat das homogene Gleichungssystem eine von der **Nulllösung** verschiedene Lösung. Nachfolgend wurden die Vektoren als Spaltenvektoren in die Matrix eingetragen. Dieses ergibt sich aus der Berücksichtigung der Transposition. Da der Zeilenrang dem Spaltenrang entspricht, hätte sich aber auch dasselbe Ergebnis ergeben, wenn man die Vektoren einfach in die Zeilen der Matrix geschrieben hätte.

$$\begin{pmatrix} 3 & 5 & 5 \\ 1 & 2 & 1 \\ 2 & 1 & 8 \\ 2 & 4 & 2 \end{pmatrix} \text{ Zeilen vertauschen}$$

$$\begin{pmatrix} 1 & 2 & 1 \\ 3 & 5 & 5 \\ 2 & 1 & 8 \\ 2 & 4 & 2 \end{pmatrix} \begin{matrix} \\ -3\text{ I} \\ -2\text{ I} \\ -2\text{ I} \end{matrix}$$

$$\begin{pmatrix} 1 & 2 & 1 \\ 0 & -1 & 2 \\ 0 & -3 & 6 \\ 0 & 0 & 0 \end{pmatrix} -3\text{ II}$$

$$\begin{pmatrix} 1 & 2 & 1 \\ 0 & -1 & 2 \\ 0 & 0 & 0 \\ 0 & 0 & 0 \end{pmatrix}$$

Der Rang der Koeffizientenmatrix ist 2 (nur zwei Zeilen bestehen bei "optimaler Umformung" nicht nur aus Nullen) und ist damit kleiner als die Anzahl der Vektoren. Somit sind die Vektoren linear abhängig.

**1.3.C** Hier lässt sich wieder die Determinante anwenden:

$$\det \begin{pmatrix} -1 & -1 & 2 \\ -1 & 2 & -1 \\ 2 & -3 & 2 \end{pmatrix} = -4 + 2 + 6 - 8 + 3 - 2 = -3$$

Da die Determinante ungleich Null ist, sind die Vektoren linear unabhängig. Da die Vektoren linear unabhängig sind, lässt sich $r_1$ auch nicht als Linearkombination von $r_2$ und $r_3$ darstellen.

**1.3.D** Bezüglich linearer Abhängigkeit gelten für Matrizen alle Zusammenhänge genauso wie für Vektoren. Einerseits kann untersucht werden, ob folgendes Gleichungssystem nur die Triviallösung (Nulllösung) hat:

$$\lambda \begin{pmatrix} 1 & 1 \\ 1 & 1 \end{pmatrix} + \mu \begin{pmatrix} 1 & 0 \\ 0 & 1 \end{pmatrix} + \nu \begin{pmatrix} 1 & 1 \\ 0 & 0 \end{pmatrix} = \begin{pmatrix} 0 & 0 \\ 0 & 0 \end{pmatrix}$$

Alternativ zu der Lösung dieses Gleichungssystems kann aber auch der Rang der Koeffizientenmatrix bestimmt werden. Ist dieser Rang gleich 3, so ist das Gleichungssystem eindeutig lösbar. Da es ein homogenes Gleichungssystem ist, hat es dann nur die Triviallösung. Zunächst können also die Matrizen in die Zeilen (oder auch Spalten) einer "großen" Matrix geschrieben werden. Nachfolgend werden die Elemente der einzelnen Matrizen zeilenweise hingeschrieben. Sie könnten auch spaltenweise hingeschrieben werden, wichtig ist allerdings, dass die Elemente für alle Matrizen in derselben Reihenfolge aufgeschrieben werden:

$$\begin{pmatrix} 1 & 1 & 1 & 1 \\ 1 & 0 & 0 & 1 \\ 1 & 1 & 0 & 0 \end{pmatrix} \begin{matrix} \\ -I \\ -I \end{matrix}$$

$$\begin{pmatrix} 1 & 1 & 1 & 1 \\ 0 & -1 & -1 & 0 \\ 0 & 0 & -1 & -1 \end{pmatrix}$$

Die Matrix ist nun in Zeilen-Stufen-Form. Der Rang der Matrix ist 3. Somit sind die 3 gegebenen Matrizen linear unabhängig.

# 1.4 Vektorräume

Vorbemerkung: Bei den nachfolgenden Aufgaben werden fast nur Vektorräume über $\mathbb{R}$ betrachtet. In diesen Fällen ist ein Skalar stets eine reelle Zahl.

**1.4.A** Bildet die Menge $G_{|3}$ aller reellen ganzrationalen Funktionen 3. Grades einen Vektorraum über $\mathbb{R}$? Wenn ja, geben Sie eine Basis und die Dimension an.

**1.4.B** Entscheiden Sie (mit Begründung!), welche der Mengen ein reeller Vektorraum ist, und bestimmen Sie gegebenenfalls eine Basis und die Dimension.

a) $V = \{(t, x, y, z) \mid t^2 + x^2 = 0;\ t, x, y, z \in \mathbb{R}\}$

b) $V = \{(a, b, c) \mid a^2 - c^2 = 0;\ a, b, c \in \mathbb{R}\}$

**1.4.C** Bestimmen Sie zu der gegebenen Matrix $A = \begin{pmatrix} 1 & 2 \\ 0 & 3 \end{pmatrix}$

alle reellen $(2, 2)$-Matrizen $M = \begin{pmatrix} u & v \\ x & y \end{pmatrix}$,

so dass $AM = MA$ ist.

Weisen Sie nach, dass die Menge $M_|$ dieser Matrizen $M$ ein Vektorraum über $\mathbb{R}$ ist, und geben Sie eine Basis und die Dimension dieses Vektorraums an.

**1.4.D** Im $\mathbb{R}^3$ seien die folgenden Vektoren gegeben:

$$\vec{a}_1 = (1;\ -1;\ 2) \quad \text{und} \quad \vec{a}_2 = (2;\ 0;\ 3).$$

a) $\vec{a}_3 = (x;\ y;\ z)$ sei ein Vektor im $\mathbb{R}^3$. Geben Sie eine allgemeingültige Bedingung für $(x;\ y;\ z)$ an, so dass $B_1 = \{\vec{a}_1, \vec{a}_2, \vec{a}_3\}$ eine Basis des $\mathbb{R}^3$ ist. Nennen Sie ein Beispiel für $x=1$.

b) Zeigen Sie: $B_2 = \{\vec{a}_1 + \vec{a}_2,\ \vec{a}_2,\ \vec{a}_3\}$, $\vec{a}_3 = (0;\ 1;\ 0)$ ist auch eine Basis des $\mathbb{R}^3$.

c) Stellen Sie $\vec{a}_4 = (2;\ 3;\ 4)$ als Linearkombination über $B_1$ dar.

**1.4.E** Die Vektoren

$\vec{a}_1 = (1\ 0\ 1\ 1),\ \vec{a}_2 = (-3\ 3\ 7\ 1),\ \vec{a}_3 = (-1\ 3\ 9\ 3)$
und $\vec{a}_4 = (-5\ 3\ 5\ -1)$

bilden ein Erzeugendensystem eines Unterraums $U$ des $\mathbb{R}^4$.

## 1.4 Vektorräume

Bestimmen Sie eine Teilmenge der gegebenen Vektoren, die eine Basis von U ist, und stellen Sie jeden der übrigen Vektoren als Linearkombination der Basisvektoren dar. Welche Dimension hat U?

**1.4.F** Es sei V der Vektorraum von (m, n)-Matrizen auf einem Körper K. Es sei $E_{ij} \in V$ die Matrix mit dem ij-ten Element 1 und sonst nur Nullen.
Zeigen Sie, dass $\{E_{ij}\}$ eine Basis von V ist.

**1.4.G** Ist die Menge $\mathbb{R}$ der reellen Zahlen ein reeller Vektorraum? Falls ja, bestimmen Sie die Dimension und geben Sie eine Basis an!

**1.4.H** Es sei V die Menge aller Funktionen aus einer nicht leeren Menge X in einem Körper K, wobei für V die folgenden Eigenschaften gelten: für jede Funktion $f, g \in V$ und jeden Skalar $k \in K$ seien $f+g$ und $k*f$ wieder Funktionen in V und wie folgt definiert:
$(f + g)(x) = f(x) + g(x)$ und $(kf)(x) = k * f(x)$.
Zeigen Sie, dass V ein Vektorraum über K ist!

**1.4.I** Es sei U die Menge aller Vektoren $x \in \mathbb{R}^3$ mit $a^2 + b^2 + c^2 = 1$
für $x^T = (a, b, c)$.
Untersuchen Sie, ob U einen Unterraum bildet, und bestimmen Sie gegebenenfalls die Dimension und eine Basis von U.

**1.4.J** Es sei $V = \left\{ \begin{pmatrix} a & b \\ c & d \end{pmatrix} \middle| a + d = b + c;\ a, b, c, d \in \mathbb{R}. \right\} \subset \mathbb{R}^{2,2}$

gegeben. Untersuchen Sie, ob V einen Unterraum bildet, und bestimmen Sie gegebenenfalls dessen Dimension und eine Basis von V.

**1.4.K** A sei aus der Menge aller (2, 2)-Matrizen.
Untersuchen Sie, ob die Menge $U = \{A | \det(A) = 0\}$ einen Vektorraum bildet, und bestimmen Sie gegebenenfalls dessen Dimension.

**1.4.L** Untersuchen Sie, ob die Menge M aller (2, 2)-Matrizen, für die die Summe der Hauptdiagonalelemente gleich der Summe der Nebendiagonalelemente ist, einen Vektorraum bildet, und bestimmen Sie gegebenenfalls dessen Dimension.

**1.4.M** Es seien vier Vektoren $\vec{a}_1, \vec{a}_2, \vec{a}_3, \vec{a}_4 \in \mathbb{R}^3$ gegeben. Für diese Vektoren gelten die folgenden Zusammenhänge:

(i) $\vec{a}_1 + \vec{a}_2 = 3\vec{a}_3$

(ii) $\lambda_1 \vec{a}_1 \neq \lambda_2 \vec{a}_3$ für beliebige $\lambda_1, \lambda_2 \in \mathbb{R}$

(iii) $\lambda \vec{a}_1 + \mu \vec{a}_3 \neq \vec{a}_4$ für beliebige $\lambda, \mu \in \mathbb{R}$

Beantworten Sie die folgenden Fragen (mit kurzer Begründung):

a) Bilden die Vektoren $\vec{a}_1, \vec{a}_2$ und $\vec{a}_3$ eine Basis des $\mathbb{R}^3$?

b) Bilden die Vektoren $\vec{a}_1, \vec{a}_3$ und $\vec{a}_4$ eine Basis des $\mathbb{R}^3$?

c) Welche Dimension hat der durch die Vektoren $\vec{a}_1, \vec{a}_2$ und $\vec{a}_3$ aufgespannte Vektorraum?

d) Sind die Vektoren $\vec{a}_1, \vec{a}_2, \vec{a}_3$ und $\vec{a}_4$ linear abhängig?

# Lösungsvorschläge zu 1.4:

Anmerkung: Bei den Unterraumaufgaben muss in der Regel nachgewiesen werden, dass die gegebene Menge abgeschlossen bezüglich der Addition und der Skalar-Multiplikation ist. Wenn die gegebenen einschränkenden Bedingungen linear homogene Gleichungen sind, werden diese Bedingungen immer erfüllt. Somit reicht es dann auch aus, die Nebenbedingungen zu betrachten. Handelt es sich um eine linear homogene Gleichung als Nebenbedingung (oder ein linear homogenes Gleichungssystem bei mehreren Gleichungen), so handelt es sich um einen Unterraum. Ist dies nicht der Fall, so kann man meist leicht ein Gegenbeispiel bezüglich der Abgeschlossenheit finden.

**1.4.A** Zentrale Voraussetzung für Vektorräume ist die Abgeschlossenheit bezüglich der Addition und der skalaren Multiplikation. Wenn sich ein Gegenbeispiel finden lässt, für das diese Abgeschlossenheit nicht erfüllt ist, so handelt es sich um keinen Vektorraum. Im vorliegenden Fall lässt sich leicht ein solches Beispiel konstruieren.

Es sei $f(x) = x^3$ und $g(x) = -x^3 + x^2$, dann ist $f(x) + g(x) = x^2$ kein Element der ganzrationalen Funktionen 3. Grades, denn dieses sind nur Funktionen, bei denen x auch tatsächlich in dritter Potenz vorkommt.

$G_{|3}$ bildet keinen Vektorraum.

**1.4.B** **a)** Da $t^2$ und $x^2$ für t und $x \in \mathbb{R}$ nie negativ werden können, gibt es nur eine mögliche Lösung für diese Gleichung, nämlich $t=0 \wedge x=0$. Diese beiden Gleichungen, die sich sozusagen "hinter der obigen Gleichung verbergen", sind ein linear homogenes Gleichungssystem. Somit handelt es sich um einen Vektorraum.

Natürlich könnte hier auch sehr einfach die Abgeschlossenheit der Menge nachgewiesen werden. Denn aufgrund der Bedingungen $t=0 \wedge x=0$ können y und z frei aus $\mathbb{R}$ gewählt werden. Bei der Addition und Skalarmultiplikation ergeben sich für y und z immer wieder Elemente aus $\mathbb{R}$ und für t und x immer Null.

Die Dimension eines Vektorraumes entspricht der Anzahl der frei wählbaren Parameter. Wenn man die durch die Gleichung bestimmten Variablen ersetzt, kann die Menge folgendermaßen geschrieben werden:

$$V = \{(0, 0, y, z) \mid y, z \in \mathbb{R}\}$$

y und z sind frei wählbar und somit gilt:

dim M = 2

Die Basis ist die minimale Anzahl von Vektoren (Matrizen), die den Vektorraum aufspannen. Die Anzahl der Basiselemente entspricht gerade der Dimension des Vektorraumes. Zur Bildung einer Basis können beliebige Vektoren (Matrizen) gebildet werden, allerdings muss stets darauf geachtet werden, dass diese Vektoren (Matrizen) linear unabhängig voneinander sind. Am einfachsten findet man eine Basis, indem man immer einen der frei wählbaren Parameter gleich 1 setzt und für alle anderen jeweils Null einsetzt. Wie zuvor beschrieben, konnte die Menge folgendermaßen beschrieben werden: $V = \{(0, 0, y, z) \mid y, z \in \mathbb{R}\}$
Wenn man nun y=1 und z=0 und dann z=1 und y=0 setzt, ergibt sich folgende Basis:

$B = \{ (0, 0, 1, 0), (0, 0, 0, 1) \}$

**b)** Hier handelt es sich um keinen Vektorraum. (Dieses liegt an der Mehrdeutigkeit der Wurzel.) Am besten zeigt man dies durch ein Gegenbeispiel:

(1, 0, -1) + (1, 0, 1) = (2, 0, 0)

$\quad \in V \qquad \in V \qquad \notin V$

Die beiden gewählten Vektoren sind Elemente aus der betrachteten Menge, denn bei ihnen gilt:

$a^2 - c^2 = 0 \qquad 1^2 - (-1)^2 = 0 \quad$ und $\quad 1^2 - 1^2 = 0$

Der sich als Ergebnis der Addition ergebende Vektor ist aber kein Element der Menge, denn es gilt:

$2^2 - 0^2 \neq 0$

Da sich bei der Addition von zwei Vektoren der Menge ein Vektor ergibt, der kein Element der Menge V ist, ist die Menge nicht abgeschlossen bezüglich der Addition, und es handelt sich um keinen Vektorraum.

## 1.4.C
Zunächst müssen AM und MA berechnet werden:

**AM**

|   |   | u    | v    |
|---|---|------|------|
|   |   | x    | y    |
| 1 | 2 | u+2x | v+2y |
| 0 | 3 | 3x   | 3y   | = A∗M

**MA**

|   |   | 1 | 2      |
|---|---|---|--------|
|   |   | 0 | 3      |
| u | v | u | 2u+3v  |
| x | y | x | 2x+3y  | = M∗A

Es soll gelten AM = MA, also:

$$\begin{pmatrix} u+2x & v+2y \\ 3x & 3y \end{pmatrix} = \begin{pmatrix} u & 2u+3v \\ x & 2x+3y \end{pmatrix}$$

Zwei Matrizen sind genau dann identisch, wenn alle ihre Elemente identisch sind, also müssen folgende 4 Gleichungen erfüllt sein:

u+ 2x = u

v+ 2y = 2u + 3v ⇔ 2y = 2u + 2v ⇔ y = u + v

3x = x ⇔ 2x = 0 ⇔ x = 0

3y = 2x+ 3y

Mit x=0 sind außer der dritten auch die erste und die vierte Gleichung immer erfüllt, somit muss nur noch die zweite Gleichung zusätzlich erfüllt werden. Es ergibt sich für die Matrizen M also folgende Form:

$$M = \begin{pmatrix} u & v \\ 0 & u+v \end{pmatrix}, \text{ wobei } u, v \in \mathbb{R} \text{ frei wählbar sind.}$$

Diese Menge ist ein Vektorraum, denn sie ist abgeschlossen bezüglich der Addition und der skalaren Multiplikation. (Man kann sich die folgende Rechnung auch sparen, indem man darauf verweist, dass die einschränkenden Bedingungen linear homogen sind und es sich daher um einen Vektorraum handelt).

Seien $M_1$ und $M_2$ Elemente aus $M|$, so gilt:

$$M_1 = \begin{pmatrix} u_1 & v_1 \\ 0 & u_1+v_1 \end{pmatrix} \quad M_2 = \begin{pmatrix} u_2 & v_2 \\ 0 & u_2+v_2 \end{pmatrix}$$

$$M_1 + M_2 = \begin{pmatrix} u_1 & v_1 \\ 0 & u_1+v_1 \end{pmatrix} + \begin{pmatrix} u_2 & v_2 \\ 0 & u_2+v_2 \end{pmatrix} = \begin{pmatrix} u_1+u_2 & v_1+v_2 \\ 0 & u_1+v_1+u_2+v_2 \end{pmatrix}$$

Die Abgeschlossenheit der Addition ist gegeben, wenn die Bedingung auch für die Summe wieder gilt:

$(u_1 + u_2) + (v_1 + v_2) = u_1 + v_1 + u_2 + v_2$

Also gilt die Abgeschlossenheit bezüglich der Addition.

Bei der Abgeschlossenheit der skalaren Multiplikation ist zu zeigen, dass $\lambda M$ Element von $M|$ ist:

$$\lambda M = \lambda \begin{pmatrix} u & v \\ 0 & u+v \end{pmatrix} = \begin{pmatrix} \lambda u & \lambda v \\ 0 & \lambda(u+v) \end{pmatrix}$$

Also muss gelten: $\lambda u + \lambda v = \lambda(u+v)$

Da auch diese Bedingung stets erfüllt ist, handelt es sich um einen Vektorraum.

**dim M|**

Die Dimension eines Vektorraumes entspricht der Anzahl der frei wählbaren Parameter. Also ergibt sich in diesem Fall:

$\dim M| = 2$

Die Basis ist eine minimale Menge von Matrizen, die den Vektorraum aufspannen.

Mit demselben Verfahren, wie es bei Aufgabe 1.4.B.a benutzt wurde, ergibt sich:

$$|B = \left\{ \begin{pmatrix} 1 & 0 \\ 0 & 1 \end{pmatrix}, \begin{pmatrix} 0 & 1 \\ 0 & 1 \end{pmatrix} \right\}$$

**1.4.D** Zur Lösung dieser Aufgabe muss man sich die wesentlichen **Eigenschaften einer Basis** vergegenwärtigen: Die Basis ist eine minimale (von der Anzahl her) Menge von Vektoren, die den Vektorraum aufspannt (es lässt sich also jedes Element des Vektorraumes als Linearkombination der **Basisvektoren** darstellen).

a) Der $\mathbb{R}^3$ ist ein dreidimensionaler Raum, somit werden drei linear unabhängige Vektoren benötigt, um ihn aufzuspannen. Der Vektor $\vec{a}_3$ muss also so bestimmt werden, dass die Vektoren $\vec{a}_1$, $\vec{a}_2$ und $\vec{a}_3$ linear unabhängig sind. Dieses ist gerade dann der Fall, wenn die Determinante der aus diesen drei Vektoren gebildeten Matrix nicht Null ist:

$$\det\begin{pmatrix} 1 & -1 & 2 \\ 2 & 0 & 3 \\ x & y & z \end{pmatrix} = -3x + 4y - 3y + 2z = -3x + y + 2z$$

Somit ist $B_1$ eine Basis des $\mathbb{R}^3$, wenn gilt: $-3x + y + 2z \neq 0$

Für x=1 soll ein Beispiel angegeben werden. Hierzu wählt man am einfachsten y und z beide gleich Null. Die obige Bedingung ist nun erfüllt, und somit ist $\{\vec{a}_1, \vec{a}_2, \vec{a}_3\}$ eine Basis des $\mathbb{R}^3$ für $\vec{a}_3 = (1; 0; 0)$.

b) Auch hier reicht es, die Determinante zu berechnen.
Für $\vec{a}_1 + \vec{a}_2$ ergibt sich: $(1; -1; 2) + (2; 0; 3) = (3; -1; 5)$

Somit ist folgende Determinante zu berechnen:
$$\det\begin{pmatrix} 3 & -1 & 5 \\ 2 & 0 & 3 \\ 0 & 1 & 0 \end{pmatrix} = 10 - 9 = 1$$

Da die Determinante ungleich Null ist, ist $B_2$ eine Basis des $\mathbb{R}^3$.

c) Die Aufgabenstellung ist hier leider etwas ungenau. Mit $B_1$ ist die Basis gemeint, die sich für das Beispiel mit x=1 ergibt. Es muss also folgendes Gleichungssystem gelöst werden:

$$\lambda * (1; -1; 2) + \mu * (2; 0; 3) + \nu * (1; 0; 0) = (2; 3; 4)$$

Derartige Vektorgleichungen müssen immer in allen Komponenten erfüllt sein. Es handelt sich also um folgende drei Gleichungen, die

erfüllt sein müssen:
$$\lambda + 2\mu + \nu = 2$$
$$-\lambda \phantom{+ 2\mu + \nu} = 3$$
$$2\lambda + 3\mu \phantom{+ \nu} = 4$$

Aus der zweiten Gleichung folgt sofort: $\lambda = -3$

In die dritte Gleichung eingesetzt, ergibt sich nun:

$$2*(-3) + 3\mu = 4 \Leftrightarrow 3\mu = 10 \Leftrightarrow \mu = \frac{10}{3}$$

Schließlich liefert die erste Gleichung:

$$-3 + 2 * \frac{10}{3} + \nu = 2 \Leftrightarrow \nu = 5 - \frac{20}{3} = -\frac{5}{3}$$

Somit lässt sich $\vec{a}_4$ also folgendermaßen als **Linearkombination** über $B_1$ darstellen:

$$-3*(1;-1;2) + \frac{10}{3} * (2;0;3) - \frac{5}{3} * (1;0;0) = (2;3;4)$$

**1.4.E** Zunächst ist es sinnvoll, die Dimension des von den Vektoren aufgespannten Vektorraumes zu berechnen. Hierzu wird der Rang der durch die Vektoren gebildeteten Matrix berechnet:

$$\begin{pmatrix} 1 & 0 & 1 & 1 \\ -3 & 3 & 7 & 1 \\ -1 & 3 & 9 & 3 \\ -5 & 3 & 5 & -1 \end{pmatrix} \begin{array}{l} \\ +3I \\ +I \\ +5I \end{array}$$

$$\begin{pmatrix} 1 & 0 & 1 & 1 \\ 0 & 3 & 10 & 4 \\ 0 & 3 & 10 & 4 \\ 0 & 3 & 10 & 4 \end{pmatrix} \begin{array}{l} \\ \\ -II \\ -II \end{array}$$

$$\begin{pmatrix} 1 & 0 & 1 & 1 \\ 0 & 3 & 10 & 4 \\ 0 & 0 & 0 & 0 \\ 0 & 0 & 0 & 0 \end{pmatrix}$$

Der Rang ist also 2. Somit spannen die Vektoren nur einen zweidimensionalen Vektorraum auf. Es gilt: dimU = 2

*1.4 Vektorräume* 37

Als Basis können nun 2 der 4 gegebenen Vektoren gewählt werden. Allerdings dürfen diese Vektoren nicht unter sich linear abhängig sein. Es darf also nicht der eine der gewählten Vektoren ein Vielfaches des anderen sein. Bei den gegebenen Vektoren trifft dies für keine Vektoren zu, so dass zwei der Vektoren beliebig gewählt werden können, z.B.:

$B = \{(1, 0, 1, 1); (-3, 3, 7, 1)\}$

Nun müssen noch $\vec{a}_3$ und $\vec{a}_4$ als Linearkombination dieser beiden Vektoren dargestellt werden. Folgende Gleichung ist also für $\vec{a}_3$ zu lösen:

$\lambda(1, 0, 1, 1) + \mu(-3, 3, 7, 1) = (-1, 3, 9, 3)$

Statt das sich ergebende Gleichungssystem zu lösen, kann hier die Lösung aber auch einfach durch Betrachten der Gleichung gefunden werden, denn für $\lambda$ und $\mu$ ergibt sich eine sehr einfache Lösung. Bei $\lambda=2$ und $\mu=1$ ergibt sich für alle Komponenten der richtige Wert.

$\vec{a}_4$ ergibt sich als Linearkombination über $-2\vec{a}_1 + \vec{a}_2$. Insgesamt ergibt sich also:

$\vec{a}_3 = 2\vec{a}_1 + \vec{a}_2$ und $\vec{a}_4 = -2\vec{a}_1 + \vec{a}_2$

**1.4.F** Diese Aufgabe ist relativ schwierig. Eine Möglichkeit zur Lösung besteht darin, zu zeigen, dass alle $E_{ij}$ linear unabhängig sind und gleichzeitig die Anzahl der Matrizen $E_{ij}$ der Dimension von V entspricht. Denn daraus folgt zwangsläufig, dass $\{E_{ij}\}$ eine Basis von V ist.

Die Dimension von V ist $m*n$, denn jedes Element der Matrix ist frei wählbar. Die Matrizen $E_{ij}$ sind so definiert, dass sie an einer Stelle eine 1 stehen haben und ansonsten nur Nullen. Die Menge $\{E_{ij}\}$ enthält alle möglichen derartigen Matrizen. Da die 1 an jeder beliebigen Stelle stehen kann, enthält $\{E_{ij}\}$ gerade $m*n$ Matrizen. Die Anzahl der Elemente von $\{E_{ij}\}$ entspricht also gerade der Dimension von V.

Nun muss noch gezeigt werden, dass alle $E_{ij}$ linear unabhängig sind. Linear unabhängig sind sie dann, wenn folgende Gleichung nur für alle $\lambda_{ij} = 0$ lösbar ist:

$$\sum_{i=1}^{m} \sum_{j=1}^{n} \lambda_{ij} * E_{ij} = 0$$ (Null steht hier für die (m, n)-Matrix, die nur Nullen enthält)

Diese Gleichung ist tatsächlich nur für alle $\lambda_{ij} = 0$ lösbar. Nachfolgend wird dies am Beispiel von (2, 2)-Matrizen verdeutlicht. Dabei ergibt sich:

$$\lambda_{11}\begin{pmatrix}1 & 0\\ 0 & 0\end{pmatrix} + \lambda_{12}\begin{pmatrix}0 & 1\\ 0 & 0\end{pmatrix} + \lambda_{21}\begin{pmatrix}0 & 0\\ 1 & 0\end{pmatrix} + \lambda_{22}\begin{pmatrix}0 & 0\\ 0 & 1\end{pmatrix} = \begin{pmatrix}0 & 0\\ 0 & 0\end{pmatrix}$$

$$\Leftrightarrow \lambda_{11} = 0 \wedge \lambda_{12} = 0 \wedge \lambda_{21} = 0 \wedge \lambda_{22} = 0$$

**1.4.G** Die Menge $\mathbb{R}$ ist ein Vektorraum. Denn $\mathbb{R}$ ist nicht leer und ist abgeschlossen bezüglich der Addition und der Skalarmultiplikation. Wenn man zwei Elemente aus $\mathbb{R}$ addiert, ergibt sich wieder ein Element aus $\mathbb{R}$. Wenn man ein Element aus $\mathbb{R}$ mit einem Skalar (einem Element von $\mathbb{R}$) multipliziert, ergibt sich ebenfalls stets ein Element aus $\mathbb{R}$. Also ist $\mathbb{R}$ ein Vektorraum.

Die Dimension ist 1, und eine mögliche Basis ist z.B. 1.

**1.4.H** Die Abgeschlossenheit bezüglich der Addition und der Skalar-Multiplikation ist hier bereits laut Aufgabenstellung gegeben. Hier sollte gezeigt werden, dass die Vektorraumaxiome erfüllt sind. Zu zeigen ist zunächst, dass die Menge mit der Verknüpfung "+" eine abelsche (kommutative) Gruppe bildet, d.h.:

*Existenz des neutralen Elements:*
Sei 0 die Nullfunktion $0(x) = 0$, dann gilt für jede Funktion $f \in V$
$$(f + 0)(x) = f(x) + 0(x) = f(x) + 0 = f(x)$$
Somit ist 0 der Nullvektor in V.

*Existenz des inversen Elements:*
Für jede Funktion $f \in V$ sei $-f$ die Funktion, die durch $(-f)(x) = -f(x)$ definiert ist. Dann gilt:
$$(f + (-f))(x) = f(x) + (-f)(x) = f(x) - f(x) = 0$$

*Kommutativität der Addition:*
Es sei f, g∈V, dann gilt
$$(f + g)(x) = f(x) + g(x) = g(x) + f(x) = (g + f)(x)$$

**Weiterhin ist für alle f, g∈V, k, l∈K zu zeigen, dass**

a) $(k+l)*f = (k*f) + (l*f)$

b) $k(f+g) = (k*f) + (k*g)$

c) $(k*l)*f = k*(l*f)$

d) $1*f = f$

Diese Bedingungen werden im folgenden abgearbeitet:

**a)** $((k+l)f)(x) = (k+l) f(x) = k*f(x) + l*f(x) = (k*f)(x) + (l*f)(x)$
$= (k*f+l*f)(x)$

**b)** $(k(f+g)(x) = k((f+g)(x)) = k(f(x)+g(x)) = k*f(x)+k*g(x)$
$= (kf)(x)+(kg)(x) = (kf+kg)(x)$

**c)** $((k*l)f)(x) = (k*l)f(x) = k(l*f(x)) = k(l*f)(x) = (k(l*f))(x)$

**d)** $(1*f)(x) = 1*f(x) = f(x)$

Da alle Bedingungen erfüllt sind, ist V ein Vektorraum über K.

**1.4.1** Die Nebenbedingung ist weder linear noch homogen. Man kann nun entweder ein Gegenbeispiel zur Abgeschlossenheit angeben oder, da die Nebenbedingung inhomogen ist, darauf verweisen, dass der Nullvektor nicht in der Menge enthalten ist:

Ein Vektorraum muss den Nullvektor enthalten. Die angegebene Menge enthält den Nullvektor nicht und ist somit kein Vektorraum. $0^2 + 0^2 + 0^2 \neq 1$

**1.4.J** Die Nebenbedingung ist linear und homogen. D.h. die Variablen kommen nur in einfacher Potenz vor und werden auch nicht miteinander multipliziert, und es kommt keine einzelne Zahl oder Konstante vor. Daher handelt es sich um einen Unterraum des $\mathbb{R}^4$.

Man kann die Nebenbedingung nach einer Variablen auflösen und das Ergebnis für diese Variable in die Matrix einsetzen:
a + d = b + c $\Leftrightarrow$ a = b + c − d

$$\begin{pmatrix} b+c-d & b \\ c & d \end{pmatrix}$$

Bei der Darstellung der Menge können also drei Parameter frei gewählt werden. Somit ist die Dimension des Unterraumes 3. Eine Basis erhält man, indem man abwechselnd eine der Variablen gleich 1 und die anderen gleich Null setzt:

$$\mathbb{B} = \left\{ \begin{pmatrix} 1 & 1 \\ 0 & 0 \end{pmatrix}, \begin{pmatrix} 1 & 0 \\ 1 & 0 \end{pmatrix}, \begin{pmatrix} -1 & 0 \\ 0 & 1 \end{pmatrix} \right\}$$

**1.4.K** Bei dieser Aufgabe schreibt man sich am besten zunächst eine Matrix und dann die Nebenbedingung auf:

$$\begin{pmatrix} a & b \\ c & d \end{pmatrix} \Rightarrow a*d - c*b = 0$$

Da in der Nebenbedingung Variable miteinander multipliziert werden, ist sie nicht linear. Somit muss man ein Gegenbeispiel angeben:

$$\begin{pmatrix} 1 & 0 \\ 0 & 0 \end{pmatrix} + \begin{pmatrix} 0 & 0 \\ 0 & 1 \end{pmatrix} = \begin{pmatrix} 1 & 0 \\ 0 & 1 \end{pmatrix}$$
det=0     det = 0     det = 1
$\in A$     $\in A$     $\notin A$

Die Menge ist also nicht abgeschlossen bezüglich der Addition und bildet somit keinen Vektorraum.

**1.4.L** Bei dieser Aufgabe schreibt man sich am besten zunächst eine Matrix und dann die Nebenbedingung auf:

$$\begin{pmatrix} a & b \\ c & d \end{pmatrix} \Rightarrow a + d = b + c$$

Die Aufgabenstellung entspricht somit genau Aufgabe 1.4.J, und die

Lösung kann mit dieser verglichen werden.

**1.4.M** a) Bilden die Vektoren $\vec{a}_1$, $\vec{a}_2$ und $\vec{a}_3$ eine Basis des $\mathbb{R}^3$?

Nein, denn aufgrund der Gleichung (i) sind die Vektoren $\vec{a}_1$, $\vec{a}_2$ und $\vec{a}_3$ linear abhängig, daher können sie keine Basis bilden.

b) Bilden die Vektoren $\vec{a}_1$, $\vec{a}_3$ und $\vec{a}_4$ eine Basis des $\mathbb{R}^3$?

Ja, denn $\vec{a}_4$ ist nicht als Linearkombination der Vektoren $\vec{a}_1$ und $\vec{a}_3$ darstellbar (Gleichung (iii)) und die Vektoren $\vec{a}_1$ und $\vec{a}_3$ sind auch nicht untereinander linear abhängig (Gleichung (ii)).

c) Welche Dimension hat der durch die Vektoren $\vec{a}_1$, $\vec{a}_2$ und $\vec{a}_3$ aufgespannte Vektorraum?

Die Dimension ist 2, denn da die Vektoren linear abhängig sind (Gleichung (i)), muss die Dimension des aufgespannten Vektorraumes kleiner als 3 sein. Da die Vektoren $\vec{a}_1$ und $\vec{a}_3$ linear unabhängig sind (Gleichung (ii)), muss die Dimension des aufgespannten Vektorraumes mindestens 2 sein.

d) Sind die Vektoren $\vec{a}_1$, $\vec{a}_2$, $\vec{a}_3$ und $\vec{a}_4$ linear abhängig?

Ja, denn vier Vektoren aus dem $\mathbb{R}^3$ sind immer linear abhängig. Alternativ kann man natürlich auch auf die lineare Abhängigkeit aufgrund der Gleichung (i) verweisen.

## 1.5 Determinanten, Rang, Inverse

Die Aufgaben werden nachfolgend über die **adjungierte Matrix** berechnet. Matrizen können auch mittels des Gauß-Algorithmus invertiert werden, allerdings dürfte das hier angeführte Verfahren über die adjungierte Matrix weniger anfällig für Rechenfehler sein.

**1.5.A** Invertieren Sie die Matrix
$$M = \begin{pmatrix} 1 & 0 & 2 \\ 4 & 1 & 8 \\ 1 & 2 & 3 \end{pmatrix}$$

**1.5.B** Berechnen Sie - falls möglich - die Inverse der folgenden Matrix:
$$A = \begin{pmatrix} 2 & 6 & -5 \\ 0 & 3 & -4 \\ 4 & -1 & 2 \end{pmatrix}$$

**1.5.C** Man betrachte die Matrizen
$$U = \begin{pmatrix} a & 1 & 0 \\ 1 & a & 1 \\ 0 & 1 & a \end{pmatrix}$$
mit $a \in \mathbb{R}$ und bestimme rang(U), det(U) sowie $U^{-1}$, sofern dies existiert.

**1.5.D** Sei
$$M(k) = \begin{pmatrix} 1 & 0 & -3 \\ 2 & k & -1 \\ 1 & 2 & k \end{pmatrix}$$
a) Berechnen Sie det M(k).
b) Für welche Werte von k ist M(k) singulär?
c) Berechnen Sie die Inverse von M(3)!

**1.5.E** Betrachten Sie die Matrix
$$A = \begin{pmatrix} a & 0 & b \\ 0 & b & 0 \\ b & a & a \end{pmatrix} \quad a, b \in \mathbb{R}$$

Bestimmen Sie in Abhängigkeit von a und b rang(A), det(A) und $A^{-1}$, falls diese Matrix existiert.

## 1.5 Determinanten, Rang, Inverse

**1.5.F** a) Untersuchen Sie, für welche $a \in \mathbb{R}$ die Matrix

$$A = \begin{pmatrix} 1 & a & 1 \\ 1 & 4 & a \\ 2 & a & -4 \end{pmatrix} \quad \text{regulär ist.}$$

Welchen Rang hat A in den Fällen, bei denen A singulär ist?

b) Bestimmen Sie zu der Matrix aus Aufgabe a) für den Fall $a=0$ die Inverse Matrix.

**1.5.G** Geben Sie den Rang der folgenden Matrix an:

$$\begin{pmatrix} 1 & 3 & 1 & -2 & -3 \\ 1 & 4 & 3 & -1 & -4 \\ 2 & 3 & -4 & -7 & -3 \\ 3 & 8 & 1 & -7 & -8 \end{pmatrix}$$

**1.5.H** Gegeben seien die Matrizen

$$A = \begin{pmatrix} 3 & -1 & -2 \\ -4 & 2 & 1 \\ 1 & 0 & 6 \end{pmatrix}, B = \begin{pmatrix} 1 & 0 & a \\ 0 & 1 & 0 \\ 0 & a^2 & 1 \end{pmatrix}.$$

Geben Sie die folgenden Größen an:

a) $\det(A)$
b) $\det(A^{-1})$
c) $\det(A^{-1} * B)$
d) $\text{Rang}(A * B)$

**1.5.I** Zeigen Sie, dass gilt:

$$\det \begin{pmatrix} (a_1+b_1) & c_1 \\ (a_2+b_2) & c_2 \end{pmatrix} = \det \begin{pmatrix} a_1 & c_1 \\ a_2 & c_2 \end{pmatrix} + \det \begin{pmatrix} b_1 & c_1 \\ b_2 & c_2 \end{pmatrix}$$

**1.5.J** Gegeben seien die Matrizen A, B, C $\in \mathbb{R}^3$ mit folgenden Eigenschaften:
  (i) det(A) = 2
  (ii) det(AB) = 2
  (iii) BC ist singulär

Berechnen Sie:

a) det(CA)
b) det($-AB^{-1}$)
c) det(BC + $B^{-1}$C)
d) det(C + C)


# Lösungsvorschläge zu 1.5:

**1.5.A** Zunächst wird det(A) berechnet. Nur wenn det(A) ungleich Null ist, existiert die Inverse Matrix.

$$\det M = \det \begin{pmatrix} 1 & 0 & 2 \\ 4 & 1 & 8 \\ 1 & 2 & 3 \end{pmatrix} = 3 + 16 - 2 - 16 = 1$$

die Inverse existiert also immer

Die Inverse ergibt sich als: $\frac{1}{\det A}$ adj(A)

Berechnung der Adjungierten (adj(A)):

Zunächst wird die ursprüngliche Matrix transponiert.

$$A^T = \begin{pmatrix} 1 & 4 & 1 \\ 0 & 1 & 2 \\ 2 & 8 & 3 \end{pmatrix}$$

Durch das Streichen der jeweiligen Zeile und Spalte ergeben sich "Restmatrizen". Die Determinante dieser "Rest- oder Untermatrizen" wird in eine Matrix geschrieben. Vor diesen Determinanten müssen jeweils alternierend die Vorzeichen + und − stehen:

$$\text{adj}(A) = \begin{pmatrix} +\begin{vmatrix} 1 & 2 \\ 8 & 3 \end{vmatrix} & -\begin{vmatrix} 0 & 2 \\ 2 & 3 \end{vmatrix} & +\begin{vmatrix} 0 & 1 \\ 2 & 8 \end{vmatrix} \\ -\begin{vmatrix} 4 & 1 \\ 8 & 3 \end{vmatrix} & +\begin{vmatrix} 1 & 1 \\ 2 & 3 \end{vmatrix} & -\begin{vmatrix} 1 & 4 \\ 2 & 8 \end{vmatrix} \\ +\begin{vmatrix} 4 & 1 \\ 1 & 2 \end{vmatrix} & -\begin{vmatrix} 1 & 1 \\ 0 & 2 \end{vmatrix} & +\begin{vmatrix} 1 & 4 \\ 0 & 1 \end{vmatrix} \end{pmatrix}$$

Die Determinanten in der Matrix lassen sich nun relativ einfach ausrechnen (Hauptdiagonale minus Nebendiagonale).

$$\text{adj}(A) = \begin{pmatrix} -13 & 4 & -2 \\ -4 & 1 & 0 \\ 7 & -2 & 1 \end{pmatrix}$$

Für $A^{-1}$ folgt nun:

$$A^{-1} = \frac{1}{\det A} \text{adj}(A) = \frac{1}{1} \begin{pmatrix} -13 & 4 & -2 \\ -4 & 1 & 0 \\ 7 & -2 & 1 \end{pmatrix} = \begin{pmatrix} -13 & 4 & -2 \\ -4 & 1 & 0 \\ 7 & -2 & 1 \end{pmatrix}$$

## 1.5.B

$$A = \begin{pmatrix} 2 & 6 & -5 \\ 0 & 3 & -4 \\ 4 & -1 & 2 \end{pmatrix}$$

$$\det(A) = 12 - 96 + 60 - 8 = -32$$

Da det(A) ungleich Null ist, ist die Matrix invertierbar.

$$A^T = \begin{pmatrix} 2 & 0 & 4 \\ 6 & 3 & -1 \\ -5 & -4 & 2 \end{pmatrix}$$

$$\text{adj}(A) = \begin{pmatrix} +\begin{vmatrix} 3 & -1 \\ -4 & 2 \end{vmatrix} & -\begin{vmatrix} 6 & -1 \\ -5 & 2 \end{vmatrix} & +\begin{vmatrix} 6 & 3 \\ -5 & -4 \end{vmatrix} \\ -\begin{vmatrix} 0 & 4 \\ -4 & 2 \end{vmatrix} & +\begin{vmatrix} 2 & 4 \\ -5 & 2 \end{vmatrix} & -\begin{vmatrix} 2 & 0 \\ -5 & -4 \end{vmatrix} \\ +\begin{vmatrix} 0 & 4 \\ 3 & -1 \end{vmatrix} & -\begin{vmatrix} 2 & 4 \\ 6 & -1 \end{vmatrix} & +\begin{vmatrix} 2 & 0 \\ 6 & 3 \end{vmatrix} \end{pmatrix}$$

$$\text{adj}(A) = \begin{pmatrix} 2 & -7 & -9 \\ -16 & 24 & 8 \\ -12 & 26 & 6 \end{pmatrix}$$

$$A^{-1} = \frac{1}{\det A} \operatorname{adj}(A) = \begin{pmatrix} -0{,}0625 & 0{,}21875 & 0{,}28125 \\ 0{,}5 & -0{,}75 & -0{,}25 \\ 0{,}375 & -0{,}8125 & -0{,}1875 \end{pmatrix}$$

## 1.5.C

$$U = \begin{pmatrix} a & 1 & 0 \\ 1 & a & 1 \\ 0 & 1 & a \end{pmatrix}$$

Zunächst berechnet man am besten die Determinante:

$\det(U) = a^3 - a - a = a^3 - 2a$

Ist die Determinante ungleich Null, so hat die Matrix vollen Rang, also in diesem Fall einen Rang von 3.

$\det U = 0 \Leftrightarrow a^3 - 2a = 0 \Leftrightarrow a(a^2 - 2) = 0 \Leftrightarrow a = 0 \vee a^2 - 2 = 0$

$\Leftrightarrow a = 0 \vee a^2 = 2 \Leftrightarrow a = 0 \vee a = \sqrt{2} \vee a = -\sqrt{2}$

Für a ungleich 0, $\sqrt{2}$ und $-\sqrt{2}$ ist der Rang von U also 3.

Für a=0 ergibt sich:

$$U(0) = \begin{pmatrix} 0 & 1 & 0 \\ 1 & 0 & 1 \\ 0 & 1 & 0 \end{pmatrix}$$

Mittels elementarer Zeilenumformungen muss nun der Rang bestimmt werden.

$$\begin{pmatrix} 0 & 1 & 0 \\ 1 & 0 & 1 \\ 0 & 1 & 0 \end{pmatrix} - I$$

$$\begin{pmatrix} 0 & 1 & 0 \\ 1 & 0 & 1 \\ 0 & 0 & 0 \end{pmatrix}$$

Weitere Zeilen, die nur aus Nullen bestehen, lassen sich nun nicht mehr produzieren, so dass der Rang für a=0 2 ist (zwei Zeilen bestehen nicht nur aus Nullen). Analog muss nun die Matrix für $a = \sqrt{2}$ und $a = -\sqrt{2}$ betrachtet werden:

$$U(\sqrt{2}) = \begin{pmatrix} \sqrt{2} & 1 & 0 \\ 1 & \sqrt{2} & 1 \\ 0 & 1 & \sqrt{2} \end{pmatrix} * \sqrt{2}$$

## 1.5 Determinanten, Rang, Inverse

$$\begin{pmatrix} \sqrt{2} & 1 & 0 \\ \sqrt{2} & 2 & \sqrt{2} \\ 0 & 1 & \sqrt{2} \end{pmatrix} - \text{I}$$

$$\begin{pmatrix} \sqrt{2} & 1 & 0 \\ 0 & 1 & \sqrt{2} \\ 0 & 1 & \sqrt{2} \end{pmatrix} - \text{II}$$

$$\begin{pmatrix} \sqrt{2} & 1 & 0 \\ 0 & 1 & \sqrt{2} \\ 0 & 0 & 0 \end{pmatrix}$$

$\Rightarrow$ Für a=$\sqrt{2}$ ist rang U = 2

Zuvor wurde die Berechnung durchgeführt, indem die Zeilen zunächst so mit Zahlen multipliziert wurden, dass sich die Nullen durch einfaches Addieren oder Subtrahieren ergaben. Nachfolgend wird gleich ein entsprechendes Vielfaches der Zeile addiert (subtrahiert). Für die meisten dürfte es sich hierbei in diesem Fall wegen der auftretenden Brüche um die schwierigere Methode handeln. In anderen Fällen ist es aber auch die einfachere Methode. Nachfolgend wird es benutzt, obwohl die Aufgabe natürlich auch mit dem vorherigen Verfahren gelöst werden kann.

$$U(-\sqrt{2}) = \begin{pmatrix} -\sqrt{2} & 1 & 0 \\ 1 & -\sqrt{2} & 1 \\ 0 & 1 & -\sqrt{2} \end{pmatrix} + (\text{I}/\sqrt{2})$$

$$\begin{pmatrix} -\sqrt{2} & 1 & 0 \\ 0 & -\sqrt{2}+1/\sqrt{2} & 1 \\ 0 & 1 & -\sqrt{2} \end{pmatrix}$$

$$\begin{pmatrix} -\sqrt{2} & 1 & 0 \\ 0 & -1/\sqrt{2} & 1 \\ 0 & 1 & -\sqrt{2} \end{pmatrix} + \sqrt{2}*\text{II}$$

$$\begin{pmatrix} -\sqrt{2} & 1 & 0 \\ 0 & -1/\sqrt{2} & 1 \\ 0 & 0 & 0 \end{pmatrix}$$

$\Rightarrow$ Für a = $-\sqrt{2}$ gilt rang U = 2.

Für a ungleich 0, $\sqrt{2}$ oder $-\sqrt{2}$ lässt sich die Inverse bestimmen. Es ergibt sich (da die Matrix symmetrisch ist, ist U=U$^T$):

$$U^T = \begin{pmatrix} a & 1 & 0 \\ 1 & a & 1 \\ 0 & 1 & a \end{pmatrix}$$

$$\text{adj}(U) = \begin{pmatrix} +\begin{vmatrix} a & 1 \\ 1 & a \end{vmatrix} & -\begin{vmatrix} 1 & 1 \\ 0 & a \end{vmatrix} & +\begin{vmatrix} 1 & a \\ 0 & 1 \end{vmatrix} \\ -\begin{vmatrix} 1 & 0 \\ 1 & a \end{vmatrix} & +\begin{vmatrix} a & 0 \\ 0 & a \end{vmatrix} & -\begin{vmatrix} a & 1 \\ 0 & 1 \end{vmatrix} \\ +\begin{vmatrix} 1 & 0 \\ a & 1 \end{vmatrix} & -\begin{vmatrix} a & 0 \\ 1 & 1 \end{vmatrix} & +\begin{vmatrix} a & 1 \\ 1 & a \end{vmatrix} \end{pmatrix}$$

$$\text{adj}(U) = \begin{pmatrix} a^2-1 & -a & 1 \\ -a & a^2 & -a \\ 1 & -a & a^2-1 \end{pmatrix}$$

$$A^{-1} = \frac{1}{\det A}\text{adj}(U) = \frac{1}{a^3-2a}\begin{pmatrix} a^2-1 & -a & 1 \\ -a & a^2 & -a \\ 1 & -a & a^2-1 \end{pmatrix}$$

## 1.5.D

$$M(k) = \begin{pmatrix} 1 & 0 & -3 \\ 2 & k & -1 \\ 1 & 2 & k \end{pmatrix}$$

**a)** Für die Determinante ergibt sich:

$$\det M(k) = k^2 - 12 + 3k + 2 = k^2 + 3k - 10$$

**b)** M(k) ist genau dann singulär, wenn die Determinante gleich Null ist. Also braucht nur die zuvor berechnete Determinante gleich Null gesetzt zu werden:

$$k^2 + 3k - 10 = 0$$

Eine derartige quadratische Gleichung kann mittels einer quadratischen Ergänzung oder mittels der auf diese Weise entstandenen pq-Formel berechnet werden. Hier wird die Gleichung mittels quadratischer Ergänzung gelöst:

$$k^2 + 3k - 10 = 0 \Leftrightarrow (k + 1{,}5)^2 - 2{,}25 - 10 = 0 \mid +12{,}25$$

$$\Leftrightarrow (k + 1{,}5)^2 = 12{,}25 \mid \sqrt{} \Leftrightarrow k + 1{,}5 = 3{,}5 \lor k + 1{,}5 = -3{,}5$$

$$\Leftrightarrow k = 2 \lor k = -5$$

**c)** M(3) bedeutet, dass für k 3 in die Matrix eingesetzt werden muss. Die Matrix lautet dann:

$$M(3) = \begin{pmatrix} 1 & 0 & -3 \\ 2 & 3 & -1 \\ 1 & 2 & 3 \end{pmatrix}$$

Die Determinante erhält man am einfachsten, indem man in die Lösung aus Teil a) für k = 3 einsetzt:

$\det M(3) = 3^2 + 3*3 - 10 = 8$

$$M(3)^T = \begin{pmatrix} 1 & 2 & 1 \\ 0 & 3 & 2 \\ -3 & -1 & 3 \end{pmatrix}$$

$$\mathrm{adj}(M(3)) = \begin{pmatrix} +\begin{vmatrix} 3 & 2 \\ -1 & 3 \end{vmatrix} & -\begin{vmatrix} 0 & 2 \\ -3 & 3 \end{vmatrix} & +\begin{vmatrix} 0 & 3 \\ -3 & -1 \end{vmatrix} \\ -\begin{vmatrix} 2 & 1 \\ -1 & 3 \end{vmatrix} & +\begin{vmatrix} 1 & 1 \\ -3 & 3 \end{vmatrix} & -\begin{vmatrix} 1 & 2 \\ -3 & -1 \end{vmatrix} \\ +\begin{vmatrix} 2 & 1 \\ 3 & 2 \end{vmatrix} & -\begin{vmatrix} 1 & 1 \\ 0 & 2 \end{vmatrix} & +\begin{vmatrix} 1 & 2 \\ 0 & 3 \end{vmatrix} \end{pmatrix}$$

$$\mathrm{adj}(M(3)) = \begin{pmatrix} 11 & -6 & 9 \\ -7 & 6 & -5 \\ 1 & -2 & 3 \end{pmatrix}$$

$$M(3)^{-1} = \frac{1}{\det M} \mathrm{adj}(M) = \begin{pmatrix} 1{,}375 & -0{,}75 & 1{,}125 \\ -0{,}875 & 0{,}75 & -0{,}625 \\ 0{,}125 & -0{,}25 & 0{,}375 \end{pmatrix}.$$

## 1.5.E

$$\det\begin{pmatrix} a & 0 & b \\ 0 & b & 0 \\ b & a & a \end{pmatrix} = a^2b - b^3 = (a^2-b^2)b$$

Für den Rang sind nun etwas genauere Untersuchungen notwendig. Wenn die Determinante ungleich Null ist, ist der Rang 3:

$$(a^2-b^2)b = 0 \Leftrightarrow a^2-b^2 = 0 \lor b = 0 \Leftrightarrow a^2 = b^2 \lor b = 0$$

$$\Leftrightarrow a = b \lor a = -b \lor b = 0$$

Somit gilt für $a \neq b \land a \neq -b \land b \neq 0$: rang(A) = 3

Nun muss untersucht werden, wie groß der Rang in den Fällen ist, in denen er kleiner als drei ist. Hierzu müssen alle möglichen Fälle, bei denen die Determinante Null wird, untersucht werden. Für b = 0 muss weiterhin unterschieden werden, ob a Null oder ungleich Null ist. Wenn a auch Null ist, besteht die Matrix nur aus Nullen, und der Rang ist somit Null. Für $a \neq 0$ ergibt sich folgende Matrix:

$$\begin{pmatrix} a & 0 & 0 \\ 0 & 0 & 0 \\ 0 & a & a \end{pmatrix}$$

$$\begin{pmatrix} a & 0 & 0 \\ 0 & a & a \\ 0 & 0 & 0 \end{pmatrix}$$

Die Matrix ist nun in Zeilen-Stufen-Form, es können keine weiteren Nullzeilen produziert werden, und somit ist der Rang 2.

$$b = 0 \quad \land a = 0 \qquad \text{rang}(A) = 0$$
$$b = 0 \quad \land a \neq 0 \qquad \text{rang}(A) = 2$$

Nun müssen noch die Fälle a = b und a = -b untersucht werden. Die Variablen müssen hierbei jeweils ungleich Null sein, denn sonst würde es sich um den schon behandelten Fall mit a und b gleich Null handeln.

$$a = b \quad \begin{pmatrix} b & 0 & b \\ 0 & b & 0 \\ b & b & b \end{pmatrix} \begin{matrix} \\ \\ -I \ -II \end{matrix}$$

$$\begin{pmatrix} b & 0 & b \\ 0 & b & 0 \\ 0 & 0 & 0 \end{pmatrix} \Rightarrow \text{rang}(A) = 2$$

$$a = -b \begin{pmatrix} -b & 0 & b \\ 0 & b & 0 \\ b & -b & -b \end{pmatrix} \begin{matrix} \\ \\ +I +II \end{matrix}$$

$$\begin{pmatrix} -b & 0 & b \\ 0 & b & 0 \\ 0 & 0 & 0 \end{pmatrix} \Rightarrow \text{rang}(A) = 2$$

Somit ergibt sich:

$$a = b \quad \wedge b \neq 0 \quad \text{rang}(A) = 2$$
$$a = -b \quad \wedge b \neq 0 \quad \text{rang}(A) = 2$$

Für det(A) ungleich Null kann nun die Inverse berechnet werden:

$$A^T = \begin{pmatrix} a & 0 & b \\ 0 & b & a \\ b & 0 & a \end{pmatrix}$$

$$\text{adj}(A) = \begin{pmatrix} +\begin{vmatrix} b & a \\ 0 & a \end{vmatrix} & -\begin{vmatrix} 0 & a \\ b & a \end{vmatrix} & +\begin{vmatrix} 0 & b \\ b & 0 \end{vmatrix} \\ -\begin{vmatrix} 0 & b \\ 0 & a \end{vmatrix} & +\begin{vmatrix} a & b \\ b & a \end{vmatrix} & -\begin{vmatrix} a & 0 \\ b & 0 \end{vmatrix} \\ +\begin{vmatrix} 0 & b \\ b & a \end{vmatrix} & -\begin{vmatrix} a & b \\ 0 & a \end{vmatrix} & +\begin{vmatrix} a & 0 \\ 0 & b \end{vmatrix} \end{pmatrix}$$

$$\text{adj}(A) = \begin{pmatrix} ab & ab & -b^2 \\ 0 & a^2-b^2 & 0 \\ -b^2 & -a^2 & ab \end{pmatrix}$$

$$A^{-1} = \frac{1}{\det A} \text{adj}(A) = \begin{pmatrix} \frac{a}{a^2-b^2} & \frac{a}{a^2-b^2} & \frac{-b}{a^2-b^2} \\ 0 & \frac{1}{b} & 0 \\ \frac{-b}{a^2-b^2} & \frac{-a^2}{b(a^2-b^2)} & \frac{a}{a^2-b^2} \end{pmatrix}$$

**1.5.F** a) Eine Matrix ist regulär, wenn sie vollen Rang hat. Somit ist sie genau dann regulär, wenn ihre Determinante ungleich Null ist.

$$\det \begin{pmatrix} 1 & a & 1 \\ 1 & 4 & a \\ 2 & a & -4 \end{pmatrix} = -16 + 2a^2 + a - 8 - a^2 + 4a = 0$$

$\Leftrightarrow a^2 + 5a - 24 = 0 \Leftrightarrow (a+2,5)^2 - 6,25 - 24 = 0$

$\Leftrightarrow (a+2,5)^2 = 30,25 \Leftrightarrow a+2,5 = \pm 5,5 \Leftrightarrow a = 3 \lor a = -8$

Für alle Werte aus $\mathbb{R}$ außer 3 und $-8$ ist die Matrix regulär.

Singulär ist die Matrix, wenn sie nicht regulär ist. In diesen Fällen ist der Rang der Matrix auf jeden Fall kleiner als 3. Wie groß er aber genau ist, muss noch mit dem Gauß-Algorithmus überprüft werden:

$$\begin{pmatrix} 1 & 3 & 1 \\ 1 & 4 & 3 \\ 2 & 3 & -4 \end{pmatrix} \begin{matrix} \\ -I \\ -2I \end{matrix} \qquad \begin{pmatrix} 1 & -8 & 1 \\ 1 & 4 & -8 \\ 2 & -8 & -4 \end{pmatrix} \begin{matrix} \\ -I \\ -2I \end{matrix}$$

$$\begin{pmatrix} 1 & 3 & 1 \\ 0 & 1 & 2 \\ 0 & -3 & -6 \end{pmatrix} \begin{matrix} \\ \\ +3II \end{matrix} \qquad \begin{pmatrix} 1 & -8 & 1 \\ 0 & 12 & -9 \\ 0 & 8 & -6 \end{pmatrix} \begin{matrix} \\ \\ -2/3II \end{matrix}$$

$$\begin{pmatrix} 1 & 3 & 1 \\ 0 & 1 & 2 \\ 0 & 0 & 0 \end{pmatrix} \qquad \begin{pmatrix} 1 & -8 & 1 \\ 0 & 12 & -9 \\ 0 & 0 & 0 \end{pmatrix}$$

In beiden Matrizen lassen sich keine weiteren Nullzeilen mehr produzieren. Somit hat die Matrix in beiden Fällen, in denen sie singulär ist, den Rang 2.

b) Die zu invertierende Matrix lautet:

$$\begin{pmatrix} 1 & 0 & 1 \\ 1 & 4 & 0 \\ 2 & 0 & -4 \end{pmatrix}$$

Die Determinante kann mittels der zuvor berechneten Formel berechnet werden: $\det A(0) = 0^2 + 5*0 - 24 = -24$

$$A(0)^T = \begin{pmatrix} 1 & 1 & 2 \\ 0 & 4 & 0 \\ 1 & 0 & -4 \end{pmatrix}$$

## 1.5 Determinanten, Rang, Inverse

$$\mathrm{adj}(A(0)) = \begin{pmatrix} +\begin{vmatrix} 4 & 0 \\ 0 & -4 \end{vmatrix} & -\begin{vmatrix} 0 & 0 \\ 1 & -4 \end{vmatrix} & +\begin{vmatrix} 0 & 4 \\ 1 & 0 \end{vmatrix} \\ -\begin{vmatrix} 1 & 2 \\ 0 & -4 \end{vmatrix} & +\begin{vmatrix} 1 & 2 \\ 1 & -4 \end{vmatrix} & -\begin{vmatrix} 1 & 1 \\ 1 & 0 \end{vmatrix} \\ +\begin{vmatrix} 1 & 2 \\ 4 & 0 \end{vmatrix} & -\begin{vmatrix} 1 & 2 \\ 0 & 0 \end{vmatrix} & +\begin{vmatrix} 1 & 1 \\ 0 & 4 \end{vmatrix} \end{pmatrix}$$

$$\mathrm{adj}(A(0)) = \begin{pmatrix} -16 & 0 & -4 \\ 4 & -6 & 1 \\ -8 & 0 & 4 \end{pmatrix}$$

$$A(0)^{-1} = \frac{1}{\det A}\,\mathrm{adj}(A) = \begin{pmatrix} 2/3 & 0 & 1/6 \\ -1/6 & 1/4 & -1/24 \\ 1/3 & 0 & -1/6 \end{pmatrix}.$$

**1.5.G** Der Rang wird mit dem Gauß-Algorithmus bestimmt:

$$\begin{pmatrix} 1 & 3 & 1 & -2 & -3 \\ 1 & 4 & 3 & -1 & -4 \\ 2 & 3 & -4 & -7 & -3 \\ 3 & 8 & 1 & -7 & -8 \end{pmatrix} \begin{matrix} \\ -\mathrm{I} \\ -2*\mathrm{I} \\ -3*\mathrm{I} \end{matrix}$$

$$\begin{pmatrix} 1 & 3 & 1 & -2 & -3 \\ 0 & 1 & 2 & 1 & -1 \\ 0 & -3 & -6 & -3 & 3 \\ 0 & -1 & -2 & -1 & 1 \end{pmatrix} \begin{matrix} \\ \\ +3*\mathrm{II} \\ +\mathrm{II} \end{matrix}$$

$$\begin{pmatrix} 1 & 3 & 1 & -2 & -3 \\ 0 & 1 & 2 & 1 & -1 \\ 0 & 0 & 0 & 0 & 0 \\ 0 & 0 & 0 & 0 & 0 \end{pmatrix}$$

Da nur zwei Zeilen übrigbleiben, die nicht nur aus Nullen bestehen, ist der Rang der Matrix 2.

**1.5.H** a) $\det(A) = 36 + (-1) + 0 - (-4) - 0 - 24 = 15$

b) $\det(A^{-1}) = \dfrac{1}{\det(A)} = \dfrac{1}{15}$

c) $\det(A^{-1} * B) = \det(A^{-1}) * \det(B)$
$\det(B) = 1$
$\Rightarrow \det(A^{-1} * B) = \dfrac{1}{15} * 1 = \dfrac{1}{15}$

d) Wenn die Matrix B vollen Rang (in diesem Fall Rang 3) hat, gilt:
Rang(A*B) = Rang(A)
Da die Determinante von B ungleich Null ist, hat B vollen Rang. Da die Determinante von A auch ungleich Null ist, hat auch A vollen Rang. Somit gilt Rang(A) = 3
$\Rightarrow$ Rang(A*B) = Rang(A) = 3

**1.5.I** Am einfachsten lässt sich diese Aufgabe lösen, indem man beide Seiten der Gleichung ausrechnet und zeigt, dass sie gleich sind.

$$\det \begin{pmatrix} (a_1+b_1) & c_1 \\ (a_2+b_2) & c_2 \end{pmatrix} = \det \begin{pmatrix} a_1 & c_1 \\ a_2 & c_2 \end{pmatrix} + \det \begin{pmatrix} b_1 & c_1 \\ b_2 & c_2 \end{pmatrix}$$

$\Leftrightarrow (a_1+b_1)*c_2 - (a_2+b_2)*c_1 = a_1*c_2 - a_2*c_1 + b_1*c_2 - b_2*c_1$

$\Leftrightarrow a_1*c_2 + b_1*c_2 - a_2*c_1 - b_2*c_1 = a_1*c_2 - a_2*c_1 + b_1*c_2 - b_2*c_1$

$\Leftrightarrow a_1*c_2 - a_2*c_1 + b_1*c_2 - b_2*c_1 = a_1*c_2 - a_2*c_1 + b_1*c_2 - b_2*c_1$

q.e.d.

**1.5.J** Aus den angeführten Eigenschaften:

(i) det(A) = 2
(ii) det(AB) = 2
(iii) BC ist singulär

lässt sich folgern:

det(AB) = 2  (ii)
$\Leftrightarrow$ det(A) $*$ det(B) = 2
$\Leftrightarrow$ 2 $*$ det(B) = 2  | / 2  (i)
$\Leftrightarrow$ det(B) = 1

Da BC singulär ist, muss gelten:

det(BC) = 0  (iii)
$\Leftrightarrow$ det(B) $*$ det(C) = 0
$\Leftrightarrow$ 1 $*$ det(C) = 0
$\Leftrightarrow$ det(C) = 0

Mit den gefundenen Ergebnissen können nun die Aufgaben gelöst werden:

a) det(CA) = det(C) $*$ det(A) = 2$*$0 = 0

b) $\det(-AB^{-1})$
$= \det(-A) * \det(B^{-1})$
$= (-1)^3 * \det(A) * \dfrac{1}{\det(B)}$   ($(-1)^3$ da A eine (3, 3)-Matrix ist)
$= -2 * \dfrac{1}{1} = -2$

c) $\det(BC + B^{-1}C)$
$= \det((B + B^{-1})*C)$
$= \det(B + B^{-1}) * \det(C)$
$= \det(B + B^{-1}) * 0 = 0$

d) $\det(C + C) = \det(2*C) = 2^3 * \det(C) = 0$

## 1.6 Lineare Gleichungssysteme (Gauß-Algorithmus)

**1.6.A** Lösen Sie das lineare Gleichungssystem
$$2x_1 + x_2 + 3x_3 = 1$$
$$4x_1 + 3x_2 + 7x_3 = -1$$
$$-8x_1 + 6x_2 - 9x_3 = 8$$
mit dem Gauß-Algorithmus.

**1.6.B** Man löse das folgende Gleichungssystem mit dem Gauß-Algorithmus:
$$x_1 + 2x_2 + 3x_3 = 4$$
$$\wedge \quad 5x_1 + 6x_2 + 7x_3 = 8$$
$$\wedge \quad 9x_1 + 10x_2 + 11x_3 = 12$$

**1.6.C** Bestimmen Sie die Werte von m so, dass das Gleichungssystem in den Unbekannten x, y und z:
a) eine eindeutige Lösung hat,
b) keine Lösung hat,
c) mehr als eine Lösung hat.:

$$mx + y + z = 1$$
$$x + my \phantom{+ z} = 1$$
$$x + y + z = 1$$

**1.6.D** Führen Sie mit dem Gauß-Algorithmus das lineare Gleichungssystem
$$2x_1 + 3x_2 + 2x_3 = 4$$
$$-2x_2 + 3x_3 = 2$$
$$2x_1 + x_2 + 5x_3 = k \quad k \in \mathbb{R}$$

in Dreiecksform über. Bestimmen Sie k so, dass das System lösbar ist, und geben Sie dann alle Lösungen an.

**1.6.E** Lösen Sie mit dem Gauß-Algorithmus das folgende LGS:
$$x + 2y - 3z + 2w = 2$$
$$\wedge \quad 2x + 5y - 8z + 6w = 5$$
$$\wedge \quad 3x + 4y - 5z + 2w = 4$$

**1.6.F** Das Modell eines Marktes für drei Güter werde durch folgendes Gleichungssystem beschrieben:

$$\begin{aligned} -cp_2 + bp_3 &= 4 \\ cp_1 - ap_3 &= 3 \\ -bp_1 + ap_2 &= 6 \end{aligned}$$

Dabei seien $p_1, p_2, p_3 \in \mathbb{R}$ die Preise für diese Güter und $a, b, c \in \mathbb{R}$ Konstanten, welche alle nicht Null sind.

a) Zeigen Sie mit Hilfe des Gauß'schen Algorithmus, dass das System genau dann lösbar ist, wenn die Beziehung $4a + 3b + 6c$ gilt.

b) Warum existiert für keine Wahl der Konstanten $a, b, c \in \mathbb{R}$ ein eindeutig bestimmbarer Gleichgewichtsvektor $p = (p_1, p_2, p_3)$, der also eine Lösung des obigen Gleichungssystems darstellt.

**1.6.G** Lösen Sie mit dem Gauß-Algorithmus das folgende Gleichungssystem

$$\begin{aligned} 6x_1 - 7x_2 \quad\quad - x_4 &= 1 \\ \wedge\; 2x_1 - 3x_2 - x_3 + 4x_4 &= -2 \\ \wedge\; 2x_1 + x_2 + 2x_3 - 22x_4 &= 12 \end{aligned}$$

# Lösungsvorschläge zu 1.6:

### Anmerkungen zu den Lösungen:

Bei den betrachteten Aufgaben sind die Variablen zumeist schon sortiert. Wenn dies bei Aufgaben nicht der Fall sein sollte, so müssen die Variablen natürlich zunächst noch sortiert werden, bevor die erweiterte Koeffizientenmatrix gebildet werden kann.

Zumeist werden bei den Lösungen passende Vielfache der einen Zeile von den anderen Zeilen addiert oder subtrahiert. Dieses Verfahren dürfte aber nur dann sinnvoll sein, wenn es sich um relativ einfache Zahlen handelt. Bei der Aufgabe 1.6.G würden sich bei diesem Verfahren Brüche ergeben, die für viele kompliziert zu handhaben sind. Daher wurden dort die Zeilen zunächst so multipliziert, dass sich das kleinste gemeinsame Vielfache ergibt. Dann lassen sich die Nullen durch einfaches Addieren oder Subtrahieren "produzieren".

Sobald man mit dem Gauß-Algorithmus die Matrix in Zeilen-Stufen-Form gebracht hat, gibt es zwei unterschiedliche Möglichkeiten zum weiteren Vorgehen. Es kann entweder weiter die Matrix umgeformt werden, oder die Matrix kann wieder in Gleichungen umgesetzt und die Lösung dann schrittweise durch Einsetzen ermittelt werden. Bei der Aufgabe 1.6.A werden beide Varianten durchgeführt. Bei den späteren Aufgaben wird dann nur eines der Verfahren benutzt. Natürlich sind beide Verfahren korrekt. Allerdings könnte es sein, dass an einigen Unis bei Aufgaben zum Gauß-Algorithmus erwartet wird, dass die Umformungen weiter in der Matrix durchgeführt werden. Einfacher dürfte für die meisten das schrittweise Einsetzen sein.

Die Lösungsmenge kann, bei unterbestimmten Gleichungssystemen, entweder als Vektorgleichung oder in Form von Gleichungen für die Variablen bestimmt werden. In der Regel sind am Ende beide Lösungsmöglichkeiten angegeben.

Bei den Lösungen zu den Aufgaben wird generell so vorgegangen, dass unterhalb der Diagonalen überall Nullen produziert werden, und bei unterbestimmten Gleichungssystemen werden immer die freien Variablen aus den "hintersten Spalten" gewählt. In beiden Fällen kann auch anders vorgegangen werden, möglicherweise lassen sich durch ein anderes Vorgehen in bestimmten Fällen Vereinfachungen erreichen. Allerdings werden sich bei einem anderen Vorgehen sicher häufiger Fehler einschleichen, denn dann ergibt sich keine so starke Schematisierung der Aufgaben mehr.

Wenn bei unterbestimmten Gleichungssystemen nicht die letzte(n) Variable(n) als freie Variable gewählt wird, ergibt sich natürlich eine andere Darstellung der Lösung als die nachfolgend angegebene. Vorausgesetzt, dass korrekt gerechnet wurde, sind diese Darstellungen natürlich auch richtig. Schließlich sei noch angemerkt, dass die frei wählbaren Variablen nachfolgend nicht umbenannt werden. Bisweilen ist es üblich, diese in $\lambda$ ($\mu$, $\nu$) umzubenennen.

**1.6.A** Zunächst wird die erweiterte Koeffizienten-Matrix aufgestellt:

$$\begin{pmatrix} 2 & 1 & 3 & 1 \\ 4 & 3 & 7 & -1 \\ -8 & 6 & -9 & 8 \end{pmatrix} \begin{matrix} \\ -2*I \text{ (es wird zweimal die erste Zeile subtrahiert)} \\ +4*I \text{ (es wird viermal die erste Zeile addiert)} \end{matrix}$$

$$\begin{pmatrix} 2 & 1 & 3 & 1 \\ 0 & 1 & 1 & -3 \\ 0 & 10 & 3 & 12 \end{pmatrix} \begin{matrix} \\ \\ -10*II \end{matrix}$$

$$\begin{pmatrix} 2 & 1 & 3 & 1 \\ 0 & 1 & 1 & -3 \\ 0 & 0 & -7 & 42 \end{pmatrix} /(-7)$$

$$\begin{pmatrix} 2 & 1 & 3 & 1 \\ 0 & 1 & 1 & -3 \\ 0 & 0 & 1 & -6 \end{pmatrix}$$

Natürlich hätte die erste Zeile auch schon längst durch 2 geteilt werden können, um zu erreichen, dass in der Diagonalen überall Einsen stehen. Hier dürfte es aber einfacher sein, dies erst am Ende der Rechnung durchzuführen.

Nachdem die Matrix nun in Zeilen-Stufen-Form gebracht wurde, gibt es zwei verschiedene Möglichkeiten, die Aufgabe zu Ende zu lösen. Einerseits kann die Matrix wieder in Gleichungen umgeschrieben werden; aus der untersten Zeile ergibt sich dann ein Wert für $x_3$. Dieser kann in der nächst höheren Zeile für $x_3$ eingesetzt werden. Auf diese Weise kann dann ein Wert für $x_2$ ermittelt werden usw. . Dieses Verfahren dürfte in der Regel das einfachere Vorgehen sein.

Die Berechnung kann aber auch weiter in der Matrix erfolgen. In diesem Fall müssen auch "oben" Nullen produziert werden.

Nachfolgend werden beide Verfahren skizziert:

**a)** schrittweises Einsetzen:

$\mathbf{x_3 = -6}$
$\Rightarrow x_2 + (-6) = -3 \Leftrightarrow \mathbf{x_2 = 3}$
$\Rightarrow 2x_1 + 3 + 3(-6) = 1 \Leftrightarrow 2x_1 = 16 \Leftrightarrow \mathbf{x_1 = 8}$
Die Lösung lautet also $\mathbf{x_3 = -6}$, $\mathbf{x_2 = 3}$ und $\mathbf{x_1 = 8}$
oder als Lösungsmenge: $L = \{(8, 3, -6)\}$

**b)** alternativ weiter mit Matrixumformungen:

$$\begin{pmatrix} 2 & 1 & 3 & 1 \\ 0 & 1 & 1 & -3 \\ 0 & 0 & 1 & -6 \end{pmatrix} \begin{matrix} -3*III \\ -III \\ \end{matrix}$$

$$\begin{pmatrix} 2 & 1 & 0 & 19 \\ 0 & 1 & 0 & 3 \\ 0 & 0 & 1 & -6 \end{pmatrix} \begin{matrix} -II \\ \\ \end{matrix}$$

$$\begin{pmatrix} 2 & 0 & 0 & 16 \\ 0 & 1 & 0 & 3 \\ 0 & 0 & 1 & -6 \end{pmatrix} /2$$

$$\begin{pmatrix} 1 & 0 & 0 & 8 \\ 0 & 1 & 0 & 3 \\ 0 & 0 & 1 & -6 \end{pmatrix}$$

Wenn man dies nun wieder in Gleichungen umsetzt, ergibt sich:

$x_1 = 8$, $x_2 = 3$ und $x_3 = -6$

oder als Lösungsmenge: $|L = \{(8, 3, -6)\}$

**1.6.B** Die erweiterte Koeffizientenmatrix ergibt sich zu:

$$\begin{pmatrix} 1 & 2 & 3 & 4 \\ 5 & 6 & 7 & 8 \\ 9 & 10 & 11 & 12 \end{pmatrix} \begin{array}{l} \\ -5*I \\ -9*I \end{array}$$

$$\begin{pmatrix} 1 & 2 & 3 & 4 \\ 0 & -4 & -8 & -12 \\ 0 & -8 & -16 & -24 \end{pmatrix} \begin{array}{l} \\ \\ -2*II \end{array}$$

$$\begin{pmatrix} 1 & 2 & 3 & 4 \\ 0 & -4 & -8 & -12 \\ 0 & 0 & 0 & 0 \end{pmatrix} \begin{array}{l} \\ /(-4) \\ \end{array}$$

$$\begin{pmatrix} 1 & 2 & 3 & 4 \\ 0 & 1 & 2 & 3 \\ 0 & 0 & 0 & 0 \end{pmatrix} \begin{array}{l} -2*II \\ \\ \end{array}$$

$$\begin{pmatrix} 1 & 0 & -1 & -2 \\ 0 & 1 & 2 & 3 \\ 0 & 0 & 0 & 0 \end{pmatrix}$$

Damit ergeben sich folgende Gleichungen (in der letzten Zeile wird statt $0=0$ $x_3 = x_3$ geschrieben):

$$\begin{array}{rcl} x_1 \quad -x_3 &=& -2 \qquad |+x_3 \\ x_2 + 2x_3 &=& 3 \qquad |-2x_3 \\ x_3 &=& x_3 \end{array}$$

Durch die Umformungen ergibt sich:

$$\begin{array}{rcl} x_1 &=& -2 + x_3 \\ x_2 &=& 3 - 2x_3 \\ x_3 &=& 0 + x_3 \end{array}$$

Als Vektorgleichung folgt nun:
$$\begin{pmatrix} x_1 \\ x_2 \\ x_3 \end{pmatrix} = \begin{pmatrix} -2 \\ 3 \\ 0 \end{pmatrix} + x_3 * \begin{pmatrix} 1 \\ -2 \\ 1 \end{pmatrix}$$
(Dieses ist eine Geradengleichung in Punkt-Richtungsform; der erste Vektor auf der rechten Seite ist der Aufpunktvektor und der zweite der Richtungsvektor, der Lösungsraum stellt also eine Gerade dar.)

Die Lösungsmenge lautet also:
$$\mathbb{L} = \left\{ \begin{pmatrix} x_1 \\ x_2 \\ x_3 \end{pmatrix} \middle| \begin{pmatrix} x_1 \\ x_2 \\ x_3 \end{pmatrix} = \begin{pmatrix} -2 \\ 3 \\ 0 \end{pmatrix} + x_3 * \begin{pmatrix} 1 \\ -2 \\ 1 \end{pmatrix} ; x_3 \in \mathbb{R} \right\}$$

Natürlich muss die Lösungsmenge nicht in Vektorform angegeben werden. Alternativ ergibt sich:
$$\mathbb{L} = \{(x_1, x_2, x_3) | x_1 = x_3 - 2 \wedge x_2 = -2x_3 + 3 ; x_3 \in \mathbb{R}\}$$

**1.6.C** a) Ein Gleichungssystem ist genau dann eindeutig lösbar, wenn der Rang der Koeffizientenmatrix dem Rang der erweiterten Koeffizientenmatrix entspricht und dieser Rang auch der Anzahl der Variablen des Gleichungssystems entspricht. In diesem Fall hat das Gleichungssystem 3 Variable, der Rang der Koeffizientenmatrix muss also ebenfalls gleich drei sein. Da nur 3 Gleichungen vorliegen ist in diesen Fällen der Rang der erweiterten Koeffizientenmatrix auch gleich drei. Den Rang der Koeffizientenmatrix überprüft man am einfachsten, indem man die Determinante dieser Matrix bestimmt und mit Null gleichsetzt:
$$\det \begin{pmatrix} m & 1 & 1 \\ 1 & m & 0 \\ 1 & 1 & 1 \end{pmatrix} = m^2 + 1 - m - 1 = m^2 - m$$

$m^2 - m = 0 \Leftrightarrow m(m-1) = 0 \Leftrightarrow m = 0 \quad m - 1 = 0 \Leftrightarrow m = 1$

In den Fällen, wo die Determinante ungleich Null ist, hat die Matrix vollen Rang. Im vorliegenden Fall hat die Matrix dann also den Rang 3 und das Gleichungssystem ist entsprechend den vorherigen Ausführungen eindeutig lösbar. Somit gilt:

Für $m \in \mathbb{R} \setminus \{0, 1\}$ ist das Gleichungssystem eindeutig lösbar.

b) und c) In den Fällen wo das Gleichungssystem nicht eindeutig lösbar ist, also wenn m = 0 oder m = 1 gilt, ist das System gar nicht oder mehrdeutig lösbar. Für die beiden Fälle wird nachfolgend der Rang der Koeffizientenmatrix und der erweiterten Koeffizientenmatrix bestimmt:

**m = 0**

$$\begin{pmatrix} 0 & 1 & 1 & \vdots & 1 \\ 1 & 0 & 0 & \vdots & 1 \\ 1 & 1 & 1 & \vdots & 1 \end{pmatrix} -\text{II}$$

$$\begin{pmatrix} 0 & 1 & 1 & \vdots & 1 \\ 1 & 0 & 0 & \vdots & 1 \\ 0 & 1 & 1 & \vdots & 0 \end{pmatrix} -\text{I}$$

$$\begin{pmatrix} 0 & 1 & 1 & \vdots & 1 \\ 1 & 0 & 0 & \vdots & 1 \\ 0 & 0 & 0 & \vdots & -1 \end{pmatrix}$$

Der Rang der Koeffizientenmatrix ist somit gleich 2 und der Rang der erweiterten Koeffizientenmatrix 3. Für m = 0 ist das Gleichungssystem also nicht lösbar.

**m = 1**

$$\begin{pmatrix} 1 & 1 & 1 & \vdots & 1 \\ 1 & 1 & 0 & \vdots & 1 \\ 1 & 1 & 1 & \vdots & 1 \end{pmatrix} \begin{matrix} \\ -\text{I} \\ -\text{I} \end{matrix}$$

$$\begin{pmatrix} 1 & 1 & 1 & \vdots & 1 \\ 0 & 0 & -1 & \vdots & 0 \\ 0 & 0 & 0 & \vdots & 0 \end{pmatrix}$$

Der Rang der Koeffizientenmatrix und der Rang der erweiterten Koeffizientenmatrix beträgt in diesem Fall 2. Somit ist das Gleichungssystem für m = 1 mehrdeutig lösbar.

**1.6.D** Zunächst wird die erweiterte Koeffizientenmatrix aufgestellt:

$$\begin{pmatrix} 2 & 3 & 2 & 4 \\ 0 & -2 & 3 & 2 \\ 2 & 1 & 5 & k \end{pmatrix} -\text{I}$$

$$\begin{pmatrix} 2 & 3 & 2 & 4 \\ 0 & -2 & 3 & 2 \\ 0 & -2 & 3 & k-4 \end{pmatrix} -\text{II}$$

$$\begin{pmatrix} 2 & 3 & 2 & 4 \\ 0 & -2 & 3 & 2 \\ 0 & 0 & 0 & k-6 \end{pmatrix}$$

Wenn man diesen Ausdruck nun wieder in Gleichungen übersetzt, so liefert die letzte Gleichung: $0 = k-6 \Leftrightarrow k = 6$. Da diese Gleichung erfüllt sein muss, ist das System nur für $k=6$ lösbar.

Mit $k=6$ ergibt sich nun die letzte Zeile zu einer Nullzeile. Da bei 3 Variablen nur 2 Zeilen verbleiben, die nicht nur aus Nullen bestehen, ist das Gleichungssystem einfach unterbestimmt. $x_3$ wird nun als Variable gewählt. Aus den verbleibenden Gleichungen ergibt sich:

aus II $\Rightarrow -2x_2 + 3x_3 = 2 \Leftrightarrow -2x_2 = 2 - 3x_3 \Leftrightarrow$ **$x_2 = 1{,}5x_3 - 1$**

aus III $\Rightarrow 2x_1 + 3(1{,}5x_3 - 1) + 2x_3 = 4$

$\Leftrightarrow 2x_1 + 4{,}5x_3 - 3 + 2x_3 = 4 \Leftrightarrow 2x_1 = -6{,}5x_3 + 7$

$\Leftrightarrow$ **$x_1 = -3{,}25x_3 + 3{,}5$**

Somit ergibt sich als Lösungsmenge:

$$\mathbb{L} = \{(x_1, x_2, x_3)| x_1 = -3{,}25x_3 + 3{,}5 \wedge x_2 = 1{,}5x_3 - 1 ; x_3 \in \mathbb{R}\}$$

**1.6.E** Die erweiterte Koeffizientenmatrix ergibt sich zu:

$$\begin{pmatrix} 1 & 2 & -3 & 2 & 2 \\ 2 & 5 & -8 & 6 & 5 \\ 3 & 4 & -5 & 2 & 4 \end{pmatrix} \begin{matrix} \\ -2*I \\ -3*I \end{matrix}$$

$$\begin{pmatrix} 1 & 2 & -3 & 2 & 2 \\ 0 & 1 & -2 & 2 & 1 \\ 0 & -2 & 4 & -4 & -2 \end{pmatrix} \begin{matrix} \\ \\ +2*II \end{matrix}$$

$$\begin{pmatrix} 1 & 2 & -3 & 2 & 2 \\ 0 & 1 & -2 & 2 & 1 \\ 0 & 0 & 0 & 0 & 0 \end{pmatrix} \begin{matrix} -2*II \\ \\ \end{matrix}$$

Da in diesem Fall bei 4 Variablen nur 2 Zeilen übrig bleiben, ergibt sich eine zweidimensionale Lösungsmenge. In diesem Fall werden z und w als Variable gewählt, so dass nur noch in der zweiten Spalte (der y Spalte) eine Null "produziert wird".

$$\begin{pmatrix} 1 & 0 & 1 & -2 & 0 \\ 0 & 1 & -2 & 2 & 1 \\ 0 & 0 & 0 & 0 & 0 \end{pmatrix}$$

Damit ergeben sich folgende Gleichungen

$$x \quad\quad + z - 2w = 0$$
$$\quad y - 2z \;\; 2w = 1$$

Statt der dritten Gleichung 0=0 kann wie zuvor z=z geschrieben werden. Da es sich um vier Variable handelt, aber nur drei Gleichungen vorhanden sind, fügt man nun noch die Identität w=w als vierte Gleichung hinzu. Man darf diese Gleichung einfach hinzufügen, da sie ja immer erfüllt ist und somit die Lösungsmenge des Gleichungssystems nicht weiter einschränkt. (Die beiden Gleichungen z=z und w=w werden hinzugefügt, weil sich die Gleichungen sehr einfach in eine Vektorgleichung überführen lassen)

$$\begin{array}{rl} x \quad +z \ -2w = 0 & |-z\ +2w \\ y\ -2z\ +2w = 1 & |+2z\ -2w \\ z = z & \\ w = w & \end{array}$$

$$\begin{array}{rl} x = & 0\ -z\ +2w \\ y = & 1\ +2z\ -2w \\ z = & 0\ +z \\ w = & 0\ \ \ \ \ \ +w \end{array}$$

Als Vektorgleichung folgt nun:

$$\begin{pmatrix} x \\ y \\ z \\ w \end{pmatrix} = \begin{pmatrix} 0 \\ 1 \\ 0 \\ 0 \end{pmatrix} + z * \begin{pmatrix} -1 \\ 2 \\ 1 \\ 0 \end{pmatrix} + w * \begin{pmatrix} 2 \\ -2 \\ 0 \\ 1 \end{pmatrix}$$

Die Lösungsmenge lautet also:

$$\mathbb{L} = \left\{ \begin{pmatrix} x \\ y \\ z \\ w \end{pmatrix} \bigg| \begin{pmatrix} x \\ y \\ z \\ w \end{pmatrix} = \begin{pmatrix} 0 \\ 1 \\ 0 \\ 0 \end{pmatrix} + z * \begin{pmatrix} -1 \\ 2 \\ 1 \\ 0 \end{pmatrix} + w * \begin{pmatrix} 2 \\ -2 \\ 0 \\ 1 \end{pmatrix} ; z, w \in \mathbb{R} \right\}$$

oder $\mathbb{L} = \{(x, y, z, w) | x = -z + 2w \wedge y = 2z - 2w + 1; z, w \in \mathbb{R}\}$

**1.6.F a)** Hier muss zunächst der Gauß-Algorithmus angewendet werden, bis die Matrix in Zeilen-Stufen-Form ist. Dann muss die Lösbarkeitsbedingung überprüft werden. Die Variablen sind $p_1$, $p_2$ und $p_3$. Somit ergibt sich für die erweiterte Koeffizientenmatrix:

$$\begin{pmatrix} 0 & -c & b & 4 \\ c & 0 & -a & 3 \\ -b & a & 0 & 6 \end{pmatrix}$$

Da oben links eine Null steht, werden zunächst die ersten beiden Zeilen vertauscht:

$$\begin{pmatrix} c & 0 & -a & 3 \\ 0 & -c & b & 4 \\ -b & a & 0 & 6 \end{pmatrix} \begin{matrix} *b \\ \\ *c \end{matrix}$$

Die Koeffizienten werden auf das kleinste gemeinsame Vielfache gebracht. Auf diese Weise werden die sich ansonsten ergebenden Brüche umgangen.

$$\begin{pmatrix} bc & 0 & -ab & 3b \\ 0 & -c & b & 4 \\ -bc & ac & 0 & 6c \end{pmatrix} +I$$

$$\begin{pmatrix} bc & 0 & -ab & 3b \\ 0 & -c & b & 4 \\ 0 & ac & -ab & 3b+6c \end{pmatrix} *a$$

$$\begin{pmatrix} bc & 0 & -ab & 3b \\ 0 & -ac & ab & 4a \\ 0 & ac & -ab & 3b+6c \end{pmatrix} +II$$

$$\begin{pmatrix} bc & 0 & -ab & 3b \\ 0 & -ac & ab & 4a \\ 0 & 0 & 0 & 4a+3b+6c \end{pmatrix}$$

In Gleichungen übertragen, steht in der letzten Zeile:

$0 = 4a + 3b + 6c$

Nur wenn diese Gleichung erfüllt ist, kann das Gleichungssystem lösbar sein. Zu prüfen ist nun noch, ob das Gleichungssystem in jedem Fall lösbar ist, wenn diese Gleichung erfüllt ist. Da die Konstanten alle ungleich Null sind, ist, wenn die Gleichung erfüllt ist, sowohl der Rang der Koeffizientenmatrix als auch der Rang der erweiterten Koeffizientenmatrix zwei. Da beide Matrizen denselben Rang haben, ist das Gleichungssystem dann immer lösbar.

**b)** Das Gleichungssystem hat 3 Variable. Für den Fall, bei dem das Gleichungssystem lösbar ist, ist der Rang der erweiterten Koeffizientenmatrix 2. Da der Rang kleiner als die Anzahl der Variablen ist, handelt es sich um ein unterbestimmtes Gleichungssystem und es existiert keine eindeutige Lösung für den Gleichgewichtspreisvektor.

**1.6.G** Die erweiterte Koeffizientenmatrix lautet:

$$\begin{pmatrix} 6 & -7 & 0 & -1 & 1 \\ 2 & -3 & -1 & 4 & -2 \\ 2 & 1 & 2 & -22 & 12 \end{pmatrix} \begin{matrix} \\ *3 \\ *3 \end{matrix}$$

Die Koeffizienten werden auf das kleinste gemeinsame Vielfache gebracht.
Auf diese Weise werden die sich ansonsten ergebenden Brüche umgangen.

$$\begin{pmatrix} 6 & -7 & 0 & -1 & 1 \\ 6 & -9 & -3 & 12 & -6 \\ 6 & 3 & 6 & -66 & 36 \end{pmatrix} \begin{matrix} \\ -I \\ -I \end{matrix}$$

$$\begin{pmatrix} 6 & -7 & 0 & -1 & 1 \\ 0 & -2 & -3 & 13 & -7 \\ 0 & 10 & 6 & -65 & 35 \end{pmatrix} *5$$

$$\begin{pmatrix} 6 & -7 & 0 & -1 & 1 \\ 0 & -10 & -15 & 65 & -35 \\ 0 & 10 & 6 & -65 & 35 \end{pmatrix} +II$$

$$\begin{pmatrix} 6 & -7 & 0 & -1 & 1 \\ 0 & -10 & -15 & 65 & -35 \\ 0 & 0 & -9 & 0 & 0 \end{pmatrix} \begin{matrix} \\ -5/3*III \\ /(-9) \end{matrix}$$

$$\begin{pmatrix} 6 & -7 & 0 & -1 & 1 \\ 0 & -10 & 0 & 65 & -35 \\ 0 & 0 & 1 & 0 & 0 \end{pmatrix} \begin{matrix} *2 \\ *7/5 \\ \end{matrix}$$

$$\begin{pmatrix} 12 & -14 & 0 & -2 & 2 \\ 0 & -14 & 0 & 91 & -49 \\ 0 & 0 & 1 & 0 & 0 \end{pmatrix} -II$$

$$\begin{pmatrix} 12 & 0 & 0 & -93 & 51 \\ 0 & -14 & 0 & 91 & -49 \\ 0 & 0 & 1 & 0 & 0 \end{pmatrix} \begin{matrix} /12 \\ /(-14) \\ \end{matrix}$$

$$\begin{pmatrix} 1 & 0 & 0 & -31/4 & 17/4 \\ 0 & 1 & 0 & -13/2 & 7/2 \\ 0 & 0 & 1 & 0 & 0 \end{pmatrix}$$

$$\Rightarrow \mathbb{L} = \left\{ \begin{pmatrix} x_1 \\ x_2 \\ x_3 \\ x_4 \end{pmatrix} \middle| \begin{pmatrix} x_1 \\ x_2 \\ x_3 \\ x_4 \end{pmatrix} = \begin{pmatrix} 17/4 \\ 7/2 \\ 0 \\ 0 \end{pmatrix} + x_4 \begin{pmatrix} 31/4 \\ 13/2 \\ 0 \\ 1 \end{pmatrix}, x_4 \in \mathbb{R} \right\}$$

# 1.7 Weitere Aufgaben der linearen Algebra

**1.7.A** Gegeben ist das Matrizenpolynom $f(X) = X^2 - X - 8I$, I = Einheitsmatrix.

Eine Matrix $X_0$ heißt Nullstelle von f, wenn $f(X_0) = 0$ ist. Prüfen Sie, ob

$$X_0 = \begin{pmatrix} 2 & 2 \\ 3 & -1 \end{pmatrix} \quad \text{Nullstelle von f ist.}$$

**1.7.B** Gegeben ist die Matrix

$$A = \begin{pmatrix} 1 & 0 & -6 \\ 1 & 2 & 0 \\ 0 & 1 & 3 \end{pmatrix}$$

Eine reelle Zahl $\lambda$ heißt Eigenwert von A, wenn $\det(A - \lambda I) = 0$ ist (I = Einheitsmatrix). Schreiben Sie $(A - \lambda I)$ explizit hin und berechnen Sie alle reellen Eigenwerte von A.

**1.7.C** Gegeben seien die beiden Vektoren

$\vec{v}^T = (1, -3, 2)$ und $\vec{w}^T = (-2, 6, -4)$

a) Welche Vektoren $\vec{x}, \vec{y} \in \mathbb{R}^3$ lösen das Gleichungssystem

$2\vec{x} + 4\vec{y} = \vec{v}$ und $3\vec{x} - 2\vec{y} = \vec{w}$ ?

b) Ist das Lösungspaar linear unabhängig?

**1.7.D** Eine Matrix Q mit $Q^2 = 0$ heißt nilpotent. Geben Sie ein Beispiel für x, y, z an, so dass die Matrix

$$\begin{pmatrix} x & 1 \\ y & z \end{pmatrix}$$

nilpotent ist. Warum sind alle nilpotenten Matrizen singulär?

# Lösungsvorschläge zu 1.7:

**1.7.A** $X_0$ muss einfach für X in die Funktion eingesetzt werden:

$$X_0^2 - X_0 - 8I = \begin{pmatrix} 2 & 2 \\ 3 & -1 \end{pmatrix} * \begin{pmatrix} 2 & 2 \\ 3 & -1 \end{pmatrix} - \begin{pmatrix} 2 & 2 \\ 3 & -1 \end{pmatrix} - \begin{pmatrix} 8 & 0 \\ 0 & 8 \end{pmatrix}$$

$$= \begin{pmatrix} 10 & 2 \\ 3 & 7 \end{pmatrix} - \begin{pmatrix} 2 & 2 \\ 3 & -1 \end{pmatrix} - \begin{pmatrix} 8 & 0 \\ 0 & 8 \end{pmatrix} = \begin{pmatrix} 0 & 0 \\ 0 & 0 \end{pmatrix}$$

Also ist $X_0$ Nullstelle von f.

**1.7.B**

$$A - \lambda I = \begin{pmatrix} 1 & 0 & -6 \\ 1 & 2 & 0 \\ 0 & 1 & 3 \end{pmatrix} - \begin{pmatrix} \lambda & 0 & 0 \\ 0 & \lambda & 0 \\ 0 & 0 & \lambda \end{pmatrix} = \begin{pmatrix} 1-\lambda & 0 & -6 \\ 1 & 2-\lambda & 0 \\ 0 & 1 & 3-\lambda \end{pmatrix}$$

$\det(A - \lambda I) = (1-\lambda)(2-\lambda)(3-\lambda) - 6$
$= 6 - \lambda^3 + 6\lambda^2 - 11\lambda - 6 = -\lambda^3 + 6\lambda^2 - 11\lambda$

Eigenwerte liegen vor, wenn $\det(A - \lambda I) = 0$ gilt. Also:

$-\lambda^3 + 6\lambda^2 - 11\lambda = 0 \Leftrightarrow (6\lambda - 11 - \lambda^2)\lambda = 0$

$\Leftrightarrow \lambda = 0$ oder $-11 + 6\lambda - \lambda^2 = 0$

$\Leftrightarrow \lambda = 0$ oder $\lambda^2 - 6\lambda + 11 = 0$

$\Leftrightarrow \lambda = 0$ oder $(\lambda - 3)^2 - 9 + 11 = 0$

$\Leftrightarrow \lambda = 0$ oder $(\lambda - 3)^2 = -2$

$\Leftrightarrow \lambda = 0$ oder $\lambda - 3 = \pm\sqrt{-2}$

Da die Wurzel aus einer negativen Zahl in $\mathbb{R}$ nicht definiert ist, ist $\lambda = 0$ der einzige reelle Eigenwert.

**1.7.C** a) Hier muss einfach das Gleichungssystem gelöst werden:

$2\vec{x} + 4\vec{y} = \vec{v}$
$\wedge\ 3\vec{x} - 2\vec{y} = \vec{w}\ |*2$

Es wird die zweite Gleichung mit 2 multipliziert. (Alternativ hätte man auch eine der Gleichungen nach $\vec{x}$ oder $\vec{y}$ auflösen können.)

$2\vec{x} + 4\vec{y} = \vec{v}$
$+(6\vec{x} - 4\vec{y} = 2\vec{w})$

Die zweite Gleichung wird nun zu der ersten Gleichung addiert, auf diese Weise fallen die Terme mit $\vec{y}$ weg:

## 1.7 Lineare Algebra

$8\vec{x} = \vec{v} + 2\vec{w} \mid /8$

$\Leftrightarrow \vec{x} = \frac{1}{8}(\vec{v} + 2\vec{w})$

Aus der ersten Gleichung ergibt sich jetzt für $\vec{y}$:

$\Rightarrow 2 * \frac{1}{8}(\vec{v} + 2\vec{w}) + 4\vec{y} = \vec{v}$

$\Leftrightarrow \frac{1}{4}\vec{v} + \frac{1}{2}\vec{w} + 4\vec{y} = \vec{v} \mid -\frac{1}{4}\vec{v} - \frac{1}{2}\vec{w}$

$\Leftrightarrow \vec{y} = \frac{3}{16}\vec{v} - \frac{1}{8}\vec{w}$

Indem man die gegebenen Werte für $\vec{v}$ und $\vec{w}$ einsetzt, können $\vec{x}$ und $\vec{y}$ nun berechnet werden:

$$\vec{y} = \frac{3}{16}\begin{pmatrix} 1 \\ -3 \\ 2 \end{pmatrix} - \frac{2}{16}\begin{pmatrix} -2 \\ 6 \\ -4 \end{pmatrix} = \frac{1}{16}\begin{pmatrix} 7 \\ -21 \\ 14 \end{pmatrix}$$

$$\vec{x} = \frac{1}{8}\left(\begin{pmatrix} 1 \\ -3 \\ 2 \end{pmatrix} + 2\begin{pmatrix} -2 \\ 6 \\ -4 \end{pmatrix}\right) = \frac{1}{8}\begin{pmatrix} -3 \\ 9 \\ -6 \end{pmatrix}$$

Alternativ kann man die gegebenen Vektorgleichungen auch in einzelne Gleichungen zerlegen. $\vec{x}$ und $\vec{y}$ sind Vektoren mit jeweils drei Komponenten, die hier durch $x_1$, $x_2$, $x_3$, $y_1$ ..... bezeichnet werden. Es ergeben sich folgende Gleichungen:

$2x_1 + 4y_1 = 1 \qquad 3x_1 - 2y_1 = -2$
$2x_2 + 4y_2 = -3 \qquad 3x_2 - 2y_2 = 6$
$2x_3 + 4y_3 = 2 \qquad 3x_3 - 2y_3 = -4$

An sich liegt nun also ein Gleichungssystem mit 6 Gleichungen und 6 Unbekannten vor. Allerdings kommen in jeder Gleichung nur zwei Unbekannte vor, und bei den in der gleichen Zeile stehenden Gleichungen sind es die gleichen Unbekannten. Die hinteren Gleichungen werden jetzt alle mit 2 malgenommen und dann mit den vorderen addiert:

$2x_1 + 4y_1 = 1 \qquad +(6x_1 - 4y_1 = -4) \qquad 8x_1 = -3 \Leftrightarrow x_1 = -\frac{3}{8}$

$2x_2 + 4y_2 = -3 \qquad +(6x_2 - 4y_2 = 12) \qquad 8x_2 = 9 \Leftrightarrow x_2 = \frac{9}{8}$

$2x_3 + 4y_3 = 2 \qquad +(6x_3 - 4y_3 = -8) \qquad 8x_3 = -6 \Leftrightarrow x_3 = -\frac{3}{4}$

Durch Einsetzen der x Werte können nun die y Werte ermittelt werden.

$$2(-\tfrac{3}{8}) + 4y_1 = 1 \quad \Leftrightarrow \quad y_1 = \tfrac{7}{16}$$
$$2 * \tfrac{9}{8} + 4y_2 = -3 \quad \Leftrightarrow \quad y_2 = -\tfrac{21}{16}$$
$$2(-\tfrac{3}{4}) + 4y_3 = 2 \quad \Leftrightarrow \quad y_3 = \tfrac{7}{8}$$

b) Die lineare Unabhängigkeit des Lösungspaares kann man mit dem Gauß-Algorithmus überprüfen.

$$\begin{pmatrix} -\tfrac{3}{8} & \tfrac{9}{8} & -\tfrac{3}{4} \\ \tfrac{7}{16} & -\tfrac{21}{16} & \tfrac{7}{8} \end{pmatrix} * \tfrac{7}{6}$$

$$\begin{pmatrix} -\tfrac{7}{16} & \tfrac{21}{16} & -\tfrac{7}{8} \\ \tfrac{7}{16} & -\tfrac{21}{16} & \tfrac{7}{8} \end{pmatrix} +I$$

$$\begin{pmatrix} -\tfrac{7}{16} & \tfrac{21}{16} & -\tfrac{7}{8} \\ 0 & 0 & 0 \end{pmatrix}$$

Somit sind die Vektoren linear abhängig. (Da es sich hier nur um zwei Vektoren handelt, hätte auch geprüft werden können, ob der eine Vektor ein Vielfaches des anderen ist.)

**1.7.D** Ein Beispiel ist die folgende Matrix:

$$\begin{pmatrix} 0 & 1 \\ 0 & 0 \end{pmatrix}$$

Nimmt man diese Matrix mit sich selbst mal, so ergibt sich eine Matrix, die nur Nullen enthält.

Für eine nilpotente Matrix Q gilt:

$$0 = \det(Q^2) = \det(Q*Q)$$

Nach den Rechenregeln für Determinanten gilt nun weiterhin:

$$= \det(Q) * \det(Q) = (\det(Q))^2$$

Insgesamt muss also Folgendes gelten:

$$0 = (\det(Q))^2$$
$$\Leftrightarrow 0 = \det(Q)$$

Nilpotente Matrizen müssen somit singulär sein.

# 1.8 Lineare Optimierung

**1.8.A** Die Fahrradfabrik Fahr produziert von einem Leichtmetallrad zwei Typen, ein Herrenrad (H) und ein Damenrad (D). Beide Typen unterscheiden sich konstruktionsmäßig im Wesentlichen nur in zwei Punkten, dem Rahmen und der Gangschaltung. Daher ist die Fertigung beider Typen weitgehend identisch. Sie geschieht in zwei aneinander grenzenden Werkstätten ($W_1$ und $W_2$), die über eine Personalkapazität von 960 Stunden bzw. 800 Stunden pro Monat verfügen. Jedes Fahrrad muss beide Werkstätten durchlaufen. Dabei werden für die Montage eines Rades benötigt:

|       | H    | D    |
|-------|------|------|
| $W_1$ | 1/4h | 1/3h |
| $W_2$ | 1/3h | 1/3h |

Der Rahmenhersteller kann monatlich höchstens 800 Rahmen für Herrenräder und 2000 Rahmen für Damenräder liefern. Für ein H wird ein Preis von 600 DM und für ein D ein Preis von 450 DM erzielt. Welche Stückzahlen der Radtypen sind herzustellen, wenn der Umsatz maximiert werden soll?

**1.8.B** Es sei folgendes System von Ungleichungen gegeben:

$x + y \geq 2$
$\wedge\ 0 \leq x \leq 1$
$\wedge\ 0 \leq y \leq 1$

Die Zielfunktion $Z(x, y) = 2x + 5y$ soll maximiert werden.

a) Bestimmen Sie grafisch die optimale Lösung.

b) Wie lautet die optimale Lösung, wenn die letzte Bedingung nicht $y \leq 1$, sondern $y \leq 1{,}5$ lautet?

**1.8.C** Gegeben sei folgendes Maximierungsproblem:

$-20x + 56y + 40z \leq 0$
$0{,}3x + 1{,}5y + 2{,}3z \leq 4.000$
$\phantom{0{,}3}x + \phantom{1{,}5}y + \phantom{2{,}3}z \leq 6.000$

Die Zielfunktion lautet:

3x + 4y + 4z + 6.000

Bestimmen Sie die maximale Lösung, und geben Sie auch den sich hierbei ergebenden maximalen Wert der Zielfunktion an.

## Lösungsvorschläge zu 1.8

Insbesondere bei der ersten Aufgabe sind die einzelnen Lösungsschritte sehr ausführlich erklärt worden.

**1.8.A** Zunächst müssen die angegebenen Zusammenhänge in Bedingungen umgesetzt werden. Hierbei ergeben sich aufgrund der Kapazitätsbeschränkung des Rahmenherstellers folgende Bedingungen:

$H \leq 800$,   $D \leq 2.000$

Weiterhin dürfen die Produktionsmengen natürlich nicht negativ sein:

$H \geq 0$, $D \geq 0$

Die Zielfunktion ist der Umsatz, für den gilt:

$U = 600\,H + 450\,D$

Es liegt ein lineares Programm in Standardform vor. Durch die Einführung von nichtnegativen Schlupfvariablen können die Nebenbedingungen zu Gleichungen gemacht werden:

$\frac{1}{4}H + \frac{1}{3}D + u_1 = 960$

$\frac{1}{3}H + \frac{1}{3}D + u_2 = 800$

$H + u_3 = 800$

$D + u_4 = 2.000$

Zur weiteren Lösung wird der **Simplexalgorithmus** verwendet, es ergibt sich folgendes Tableau:

| | | | | | | | |
|---|---|---|---|---|---|---|---|
| $\frac{1}{4}$ | $\frac{1}{3}$ | 1 | 0 | 0 | 0 | | 960 |
| $\frac{1}{3}$ | $\frac{1}{3}$ | 0 | 1 | 0 | 0 | | 800 |
| 1 | 0 | 0 | 0 | 1 | 0 | | 800 |
| 0 | 1 | 0 | 0 | 0 | 1 | | 2.000 |
| 600 | 450 | 0 | 0 | 0 | 0 | | $-0$ |

In der untersten Zeile wurden zusätzlich die Koeffizienten der Zielfunktion eingetragen. In der rechten unteren Ecke wird der Wert, der sich für die Zielfunktion ergibt, wenn alle Variablen Null sind, mit einem negativen Vorzeichen versehen eingetragen.

Zunächst ist es sinnvoll, die Brüche zu beseitigen, indem die erste Zeile mit 12 und die zweite Zeile mit 3 multipliziert wird:

| | | | | | | | |
|---|---|---|---|---|---|---|---|
| $\frac{1}{4}$ | $\frac{1}{3}$ | 1 | 0 | 0 | 0 | 960 | *12 |
| $\frac{1}{3}$ | $\frac{1}{3}$ | 0 | 1 | 0 | 0 | 800 | *3 |
| 1 | 0 | 0 | 0 | 1 | 0 | 800 | |
| 0 | 1 | 0 | 0 | 0 | 1 | 2.000 | |
| 600 | 450 | 0 | 0 | 0 | 0 | 0 | |

| | | | | | | | |
|---|---|---|---|---|---|---|---|
| 3 | 4 | 12 | 0 | 0 | 0 | 11.520 | |
| 1 | 1 | 0 | 3 | 0 | 0 | 2.400 | |
| 1 | 0 | 0 | 0 | 1 | 0 | 800 | |
| 0 | 1 | 0 | 0 | 0 | 1 | 2.000 | |
| 600 | 450 | 0 | 0 | 0 | 0 | 0 | |

In dem Tableau wird nun in der untersten Zeile ein positiver Wert gesucht. In diesem Fall wird die 600 ausgewählt. (Man hätte aber auch die 450 auswählen können.) Die 600 steht in der ersten Spalte, diese Spalte nennt man **Pivotspalte**. In der Pivotspalte wird nun die Zeile gesucht, bei der die Begrenzung durch die Bedingungen zuerst greift. Hierzu wird jeweils das letzte Element der Zeile durch den Wert in der Pivotspalte geteilt. In der ersten Zeile wird also bespielsweise 11.520 durch 3 geteilt. Die sich ergebenden Werte, die man auch **charakteristische Quotienten** nennt, sind nachfolgend am Ende des Tableaus notiert:

| | | | | | | | |
|---|---|---|---|---|---|---|---|
| 3 | 4 | 12 | 0 | 0 | 0 | 11.520 | 3.840 |
| 1 | 1 | 0 | 3 | 0 | 0 | 2.400 | 2.400 |
| 1 | 0 | 0 | 0 | 1 | 0 | 800 | 800 |
| 0 | 1 | 0 | 0 | 0 | 1 | 2.000 | ~∞ |
| 600 | 450 | 0 | 0 | 0 | 0 | 0 | |

Die errechneten Werte geben an, wie viel von dem Produkt auf Grund des jeweiligen Engpasses maximal produziert werden kann.

Hierbei wird also unterstellt, dass die gesamte Kapazität des Engpasses nur für dieses Produkt verwendet wird. Der niedrigste Wert stellt die stärkste Restriktion dar. In diesem Fall ergibt sich in der dritten Zeile der niedrigste Wert von 800. Die entsprechende Zeile nennt man **Pivotzeile** und das Element, das sowohl in der Pivotspalte als auch in der Pivotzeile liegt, nennt man **Pivotelement**. In diesem Fall ist das Pivotelement 1 (wie im nachfolgenden Tableau fett hervorgehoben). Mittels des beim Gauß-Algorithmus verwendeten Verfahrens werden nun in der Pivotspalte Nullen produziert, so dass in dieser Spalte nur das Pivotelement ungleich Null ist:

| 3   | 4   | 12 | 0 | 0 | 0 | 11.520 | $-3$III  |
|-----|-----|----|---|---|---|--------|----------|
| 1   | 1   | 0  | 3 | 0 | 0 | 2.400  | $-$III   |
| **1** | 0 | 0  | 0 | 1 | 0 | 800    |          |
| 0   | 1   | 0  | 0 | 0 | 1 | 2.000  |          |
| 600 | 450 | 0  | 0 | 0 | 0 | 0      | $-600$III |

In der letzten Spalte des Tableaus ist jeweils angegeben, das "Wievielfache" welcher Zeile zu der jeweiligen Zeile addiert oder subtrahiert wird. Es ergibt sich:

| 0 | 4   | 12 | 0 | $-3$   | 0 | 9.120    |
|---|-----|----|---|--------|---|----------|
| 0 | 1   | 0  | 3 | $-1$   | 0 | 1.600    |
| 1 | 0   | 0  | 0 | 1      | 0 | 800      |
| 0 | 1   | 0  | 0 | 0      | 1 | 2.000    |
| 0 | 450 | 0  | 0 | $-600$ | 0 | $-480.000$ |

Nun wird das nächste positive Element in der untersten Zeile ausgewählt. In diesem Fall ist es die 450. Somit ist nun die zweite Spalte die Pivotspalte. Am Ende des nachfolgenden Tableaus sind die charakteristischen Quotienten für die neue Pivotspalte berechnet:

| 0 | 4   | 12 | 0 | $-3$   | 0 | 9.120      | 2.280     |
|---|-----|----|---|--------|---|------------|-----------|
| 0 | 1   | 0  | 3 | $-1$   | 0 | 1.600      | 1.600     |
| 1 | 0   | 0  | 0 | 1      | 0 | 800        | $\sim\infty$ |
| 0 | 1   | 0  | 0 | 0      | 1 | 2.000      | 2.000     |
| 0 | 450 | 0  | 0 | $-600$ | 0 | $-480.000$ |           |

Der niedrigste Wert von 1.600 ergibt sich in der zweiten Zeile, die so-

## 1.8 Lineare Optimierung

mit zur Pivotzeile wird. Mittels des nachfolgend fett hervorgehobenen Pivotelementes werden nun Nullen in der Pivotspalte produziert:

| 0 | 4   | 12 | 0 | -3   | 0 | 9.120    | -4II   |
|---|-----|----|---|------|---|----------|--------|
| 0 | 1   | 0  | 3 | -1   | 0 | 1.600    |        |
| 1 | 0   | 0  | 0 | 1    | 0 | 800      |        |
| 0 | 1   | 0  | 0 | 0    | 1 | 2.000    | -II    |
| 0 | 450 | 0  | 0 | -600 | 0 | -480.000 | -450II |

Es ergibt sich:

| 0 | 0 | 12 | -12    | 1    | 0 | 2.720      |
|---|---|----|--------|------|---|------------|
| 0 | 1 | 0  | 3      | -1   | 0 | 1.600      |
| 1 | 0 | 0  | 0      | 1    | 0 | 800        |
| 0 | 0 | 0  | -3     | 1    | 1 | 400        |
| 0 | 0 | 0  | -1.350 | -150 | 0 | -1.200.000 |

In der untersten Zeile stehen nun nur noch negative Werte. Das System ist gelöst. Die Lösung kann man in dem Tableau erkennen. Die beiden Ausgangsvariablen H und D waren in den ersten beiden Spalten eingetragen worden. In der ersten Spalte, der Spalte für H, steht lediglich in der dritten Zeile keine Null. Der Wert, der ganz rechts in der Zeile steht, ist die Lösung für H. Analog ergibt sich als Lösung für D der Wert ganz rechts in der zweiten Zeile. Somit lautet die Lösung:

H = 800, D = 1.600

**1.8.B a)** In der folgenden Grafik wurden zunächst die Geraden x=1 und y=1 eingezeichnet.

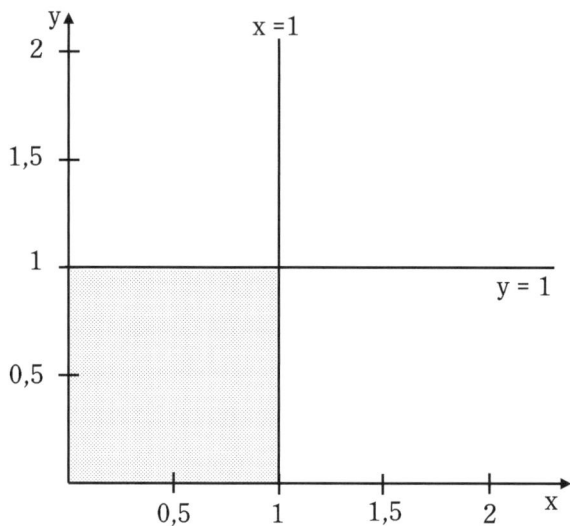

Die graue Fläche gibt den sich unter Berücksichtigung der beiden Bedingungen $0 \leq x \leq 1$ und $0 \leq y \leq 1$ ergebenden zulässigen Bereich an.

Weiterhin soll die folgende Bedingung erfüllt sein:

$x + y \geq 2$

Als Begrenzung ergibt sich also die Gerade $x + y = 2$. Zwei Punkte auf dieser Geraden erhält man z.b., indem man für x und y abwechselnd Null einsetzt. Es ergibt sich:

$x = 0 \Rightarrow 0 + y = 2 \Leftrightarrow y = 2$

$y = 0 \Rightarrow x + 0 = 2 \Leftrightarrow x = 2$

Somit liegen die Punkte (0|2) und (2|0) auf der Geraden.

In der folgenden Grafik wurde diese Gerade zusätzlich eingezeichnet. Es ist zu beachten, dass die Bedingung $x + y \geq 2$ lautet, daher sind nur Werte auf der Geraden oder rechts bzw. über der Geraden zulässig. Durch den schraffierten Bereich in der Zeichnung soll die zulässige Seite der Geraden angedeutet werden.

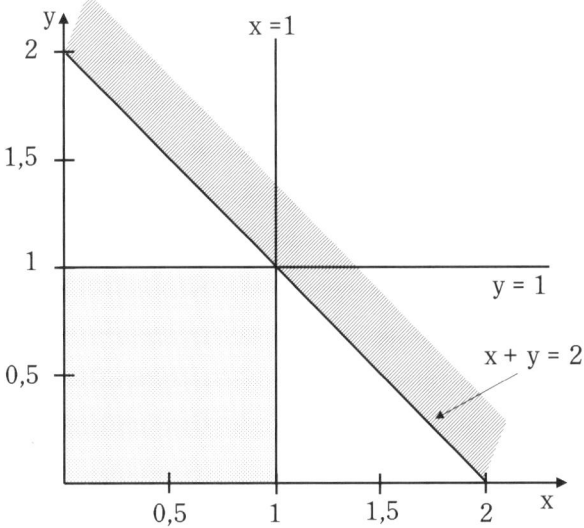

Man erkennt, dass insgesamt nur der Punkt (1|1) im zulässigen Bereich liegt, alle anderen Punkte verletzen mindestens eine der Bedinungen. Der Punkt (1|1) ist offensichtlich der äußerste Eckpunkt der beiden zunächst eingezeichneten Geraden. Er liegt aber auch auf der dritten Geraden, denn er erfüllt die Gleichung x + y = 2.

Da es nur einen einzigen Punkt im zulässigen Bereich gibt, ist dieser Punkt gleichzeitig auch der optimale Punkt. Als zugehöriger Wert für die Zielfunktion ergibt sich:

Z(1, 1) = 2∗1 + 5∗1 = 7

**b)** Bei diesem Aufgabenteil soll die letzte Bedingung nicht y ≦ 1, sondern y ≦ 1,5 lauten. Somit ergibt sich die in der folgenden Grafik dargestellte Situation. Den zulässigen Bereich bildet jetzt das Dreieck in der folgenden Abbildung.

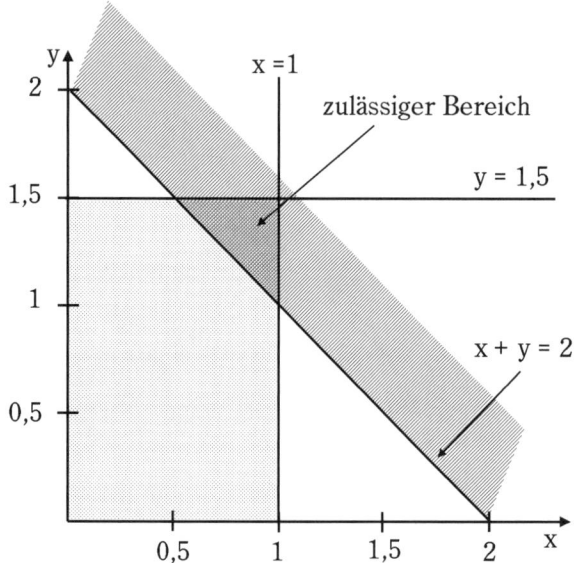

Nun muss die Zielfunktion in die Grafik eingezeichnet werden. Für die Zielfunktion kann hierbei ein beliebiger Wert vorgegeben werden. Allerdings sollte man den Wert so wählen, dass sich die Gerade in der Grafik einzeichnen lässt. Nachfolgend wird der Wert 2 gewählt:

$$2x + 5y = 2$$

Für die Zielfunktionsgerade ergeben sich somit die beiden folgenden Punkte:

$x = 0 \Rightarrow 2*0 + 5y = 2 \Leftrightarrow y = 0{,}4$

$y = 0 \Rightarrow 2x + 5*0 = 2 \Leftrightarrow x = 1$

Die Punkte (0|0,4) und (1|0) liegen also auf der Geraden. Zeichnet man diese Gerade in die vorherige Grafik ein, ergibt sich Folgendes:

## 1.8 Lineare Optimierung

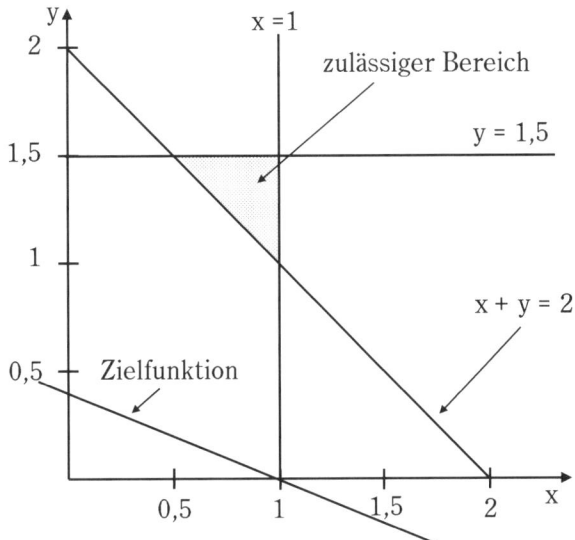

In der Grafik ist der zulässige Bereich speziell gekennzeichnet worden. Jetzt muss die Zielfunktion so weit wie möglich parallel nach rechts/oben verschoben werden. Hierbei ergibt sich Folgendes:

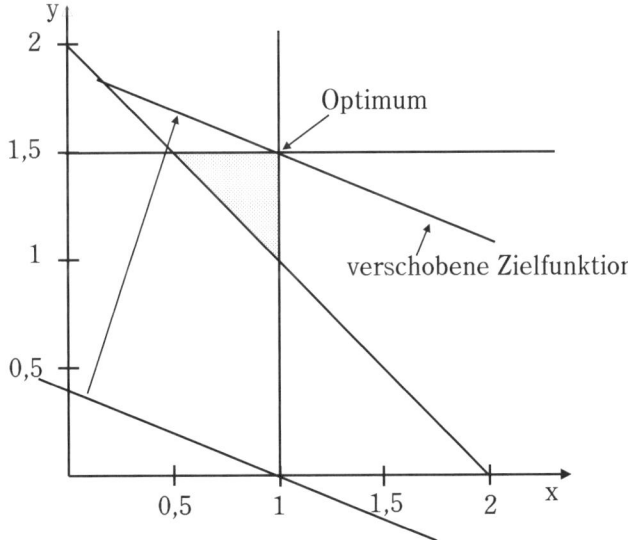

Das sich ergebende Optimum ist der „letzte zulässige Punkt", der sich beim Verschieben ergibt. Das Optimum wurde in der Grafik kenntlich gemacht, es lautet (1|1,5). Für die Zielfunktion ergibt sich:

$$Z(1, 1,5) = 2*1 + 5*1,5 = 9,5$$

**1.8.C** Als Ausgangstableau ergibt sich:

| -20 | 56  | 40  | 1 | 0 | 0 | 0      |
| --- | --- | --- | - | - | - | ------ |
| 0,3 | 1,5 | 2,3 | 0 | 1 | 0 | 4.000  |
| 1   | 1   | 1   | 0 | 0 | 1 | 6.000  |
| 3   | 4   | 4   | 0 | 0 | 0 | -6.000 |

Als Pivotspalte wird die erste Spalte[1] gewählt. Nun werden die charakteristischen Quotienten bestimmt:

| -20 | 56  | 40  | 1 | 0 | 0 | 0      | /        |
| --- | --- | --- | - | - | - | ------ | -------- |
| 0,3 | 1,5 | 2,3 | 0 | 1 | 0 | 4.000  | 13.333,$\overline{3}$ |
| 1   | 1   | 1   | 0 | 0 | 1 | 6.000  | 6.000    |
| 3   | 4   | 4   | 0 | 0 | 0 | -6.000 |          |

In der ersten Zeile ist das Element in der Pivotspalte negativ. In solchen Fällen ergibt sich durch die Restriktion keinerlei Beschränkung, so dass gar kein Koeffizient berechnet werden muss. Die dritte Zeile ist die Pivotzeile, denn dort ergibt sich mit 6.000 der niedrigste Koeffizient. In der Pivotspalte werden nun Nullen produziert:

| -20 | 56  | 40  | 1 | 0 | 0 | 0      | +20III  |
| --- | --- | --- | - | - | - | ------ | ------- |
| 0,3 | 1,5 | 2,3 | 0 | 1 | 0 | 4.000  | -0,3III |
| 1   | 1   | 1   | 0 | 0 | 1 | 6.000  |         |
| 3   | 4   | 4   | 0 | 0 | 0 | -6.000 | -3III   |

| 0 | 76  | 60 | 1 | 0 | 20   | 120.000 |
| - | --- | -- | - | - | ---- | ------- |
| 0 | 1,2 | 2  | 0 | 1 | -0.3 | 2.200   |
| 1 | 1   | 1  | 0 | 0 | 1    | 6.000   |
| 0 | 1   | 1  | 0 | 0 | -3   | -24.000 |

1: Häufiger wird empfohlen, das größte Element zu wählen, dann hätte man die zweite oder dritte Spalte wählen müssen. Die Rechnung ist in diesem Fall aber einfacher, wenn man die erste Spalte wählt.

## 1.8 Lineare Optimierung

Nun wird die dritte Spalte zur Pivotspalte gewählt (man hätte auch die zweite Spalte wählen können, aber wenn man die dritte Spalte wählt, wird die weitere Rechnung einfacher). Es ergeben sich folgende charakteristische Koeffizienten:

| 0 | 76 | 60 | 1 | 0 | 20 | 120.000 | 2.000 |
|---|---|---|---|---|---|---|---|
| 0 | 1,2 | 2 | 0 | 1 | -0.3 | 2.200 | 1.100 |
| 1 | 1 | 1 | 0 | 0 | 1 | 6.000 | 6.000 |
| 0 | 1 | 1 | 0 | 0 | -3 | -24.000 | |

Der niedrigste Wert liegt in der zweiten Zeile, die somit zur Pivotzeile wird. In der Pivotspalte (der dritten Spalte) werden nun Nullen produziert:

| 0 | 76 | 60 | 1 | 0 | 20 | 120.000 | -30II |
|---|---|---|---|---|---|---|---|
| 0 | 1,2 | 2 | 0 | 1 | -0.3 | 2.200 | |
| 1 | 1 | 1 | 0 | 0 | 1 | 6.000 | -0,5II |
| 0 | 1 | 1 | 0 | 0 | -3 | -24.000 | -0,5II |

| 0 | 40 | 0 | 1 | -30 | 29 | 54.000 |
|---|---|---|---|---|---|---|
| 0 | 1,2 | 2 | 0 | 1 | -0.3 | 2.200 |
| 1 | 0,4 | 0 | 0 | -0,5 | 1,15 | 4.900 |
| 0 | 0,4 | 0 | 0 | -0,5 | -2,85 | -25.100 |

Nun muss die zweite Spalte als Pivotspalte gewählt werden. Lediglich dort steht in der letzten Zeile noch ein positives Element. Nachfolgend sind die charakteristischen Koeffizienten berechnet. Die zweite Zeile wurde außerdem durch 2 geteilt, damit in der vorherigen Pivotspalte außer den Nullen nur noch eine 1 steht:

| 0 | 40 | 0 | 1 | -30 | 29 | 54.000 | 1.350 |
|---|---|---|---|---|---|---|---|
| 0 | 0,6 | 1 | 0 | 0,5 | -0.15 | 1.100 | 1.833 |
| 1 | 0,4 | 0 | 0 | -0,5 | 1,15 | 4.900 | 12.250 |
| 0 | 0,4 | 0 | 0 | -0,5 | -2,85 | -25.100 | |

Die erste Zeile ist die Pivotzeile. Beim "Nullenproduzieren" muss in der dritten und vierten Zeile $\frac{1}{100}$ (=0,01) mal die erste Zeile und in der zweiten Zeile $\frac{0,6}{40}$ (=0,015) mal die erste Zeile subtrahiert werden.

| 0 | 40  | 0 | 1      | -30   | 29     | 54.000  |         |
|---|-----|---|--------|-------|--------|---------|---------|
| 0 | 0,6 | 1 | 0      | 0,5   | -0.15  | 1.100   | -0,015I |
| 1 | 0,4 | 0 | 0      | -0,5  | 1,15   | 4.900   | -0,01I  |
| 0 | 0,4 | 0 | 0      | -0,5  | -2,85  | -25.100 | -0,01I  |

| 0 | 40 | 0 | 1      | -30  | 29     | 54.000  |
|---|----|---|--------|------|--------|---------|
| 0 | 0  | 1 | -0,015 | 0,95 | -0.585 | 290     |
| 1 | 0  | 0 | -0,01  | -0,2 | 0,86   | 4.360   |
| 0 | 0  | 0 | -0,01  | -0,2 | -3,14  | -25.640 |

Die erste Zeile muss nun noch durch 40 geteilt werden. Es ergibt sich:

| 0 | 1 | 0 | 0,025  | -0,75 | 0,725  | 1.350   |
|---|---|---|--------|-------|--------|---------|
| 0 | 0 | 1 | -0,015 | 0,95  | -0.585 | 290     |
| 1 | 0 | 0 | -0,01  | -0,2  | 0,86   | 4.360   |
| 0 | 0 | 0 | -0,01  | -0,2  | -3,14  | -25.640 |

Somit ergibt sich als maximierende Lösung:

x = 4.360, y = 1.350, z = 290

Der maximale Wert der Zielfunktion lässt sich in dem unteren rechten Kasten des Tableaus ablesen. In diesem Fall beträgt also der maximale Wert der Zielfunktion:

25.640

# 2 Grenzwerte

Bestimmen Sie die folgenden Grenzwerte, sofern diese existieren.

**2.A** $\lim\limits_{x \to -\infty} \dfrac{2|x|^3 - x^2}{2 + x^2 + 3x^3}$

**2.B** $\lim\limits_{x \to 1} \dfrac{x^2 - 1}{x^3 - x^2 - x + 1}$

**2.C** $\lim\limits_{x \to 2} \dfrac{3x^2 - 12}{x^3 - 2x^2 - 4x + 8}$

**2.D** $\lim\limits_{x \to -\infty} \dfrac{5x^2 - 3|x|^5}{2x^5 - x + 1}$

**2.E** $\lim\limits_{x \to \infty} \dfrac{5x^3 - 8x^2 + 3}{9x^4 - 3x^3 + x}$

**2.F** $\lim\limits_{x \to 4} \dfrac{x^3 - 8x^2 + 16x}{x^3 - 9x^2 + 24x - 16}$

**2.G** $\lim\limits_{x \to \infty} \dfrac{3x^2 - 7x}{4x^2 - 5x + 9}$

**2.H** $\lim\limits_{x \to 0} \dfrac{1 - \cos(x)}{x^2}$

**2.I** $\lim\limits_{x \to \infty} \dfrac{1 + x^2 + 2x^3}{x + x^2}$

**2.J** $\lim\limits_{x \to -1} \dfrac{1 + x^2 + 2x^3}{x + x^2}$

**2.K** $\lim\limits_{x \to 0} \ln\left(\dfrac{e^x}{1 + e^x}\right)$

**2.L** $\lim\limits_{x \to -\infty} \dfrac{5x + 2(|x|)^3}{x^3 - x}$

**2.M** $\lim\limits_{n \to -\infty} \dfrac{|x - 2|(2 + x) - 4}{3x^2 - 4x + 1}$

**2.N** $\lim\limits_{x \to 0} \dfrac{\ln(1+x) - e^{2x+1}}{(x-1)^2}$

**2.O** $\lim\limits_{x \to a} \int\limits_{a}^{x} \dfrac{1}{\sqrt{2\pi}} \, e^{-\frac{t^2}{2}} \, dt$

**2.P** $\lim\limits_{x \to \infty} x \left(1 - \cos(\tfrac{1}{x})\right)$

**2.Q** $\lim\limits_{x \to 0} \dfrac{\tan x}{x}$

**2.R** $\lim\limits_{x \to 0} \dfrac{\sin^2 x}{x^2}$

**2.S** $\lim\limits_{n \to \infty} n * \ln(1 + \tfrac{1}{n})$

**2.T** $\lim\limits_{x \to -\infty} \ln(\sin(e^x))$

**2.U** Untersuchen Sie die Folge $(a_n)$ auf Konvergenz. Geben Sie, falls möglich, den Grenzwert oder die Häufungspunkte an.

$$a_n = \dfrac{3n+2}{3} - \dfrac{2(n^3+1)}{2n^2+1}$$

**2.V** Bestimmen Sie den folgenden Grenzwert ohne die Benutzung der Regel von l'Hospital, sofern er existiert.

$$\lim\limits_{x \to 1} \dfrac{2x^2 - 3x + 1}{7 + 2x - 9x^2}$$

**2.W** Für das Gesamteinkommen Y (GE/Jahr) eines Wirtschaftszweiges wird – ausgehend von einem Planungszeitpunkt t > 0 – im Zeitablauf eine Entwicklung prognostiziert, die gemäß folgender Funktion verläuft:

$$Y(t) = \dfrac{\ln(t^2)}{t}$$

Gesucht ist der "Sättigungswert" des Einkommens in weiter Zukunft, d.h.

$$\lim\limits_{t \to \infty} Y(t).$$

**2.X** Gegeben sei die Preis-Absatz-Funktion p mit

$$p = \frac{1}{e^{(x^3 - 64)} - 1} \quad \text{(p: Preis, x: Menge)}.$$

Gegen welchen Wert $x_0$ strebt die nachgefragte Menge x, wenn der Preis über alle Grenzen wächst (d.h. $\lim\limits_{p \to \infty} x(p)$).

**2.Y** Untersuchen Sie die Folge $(a_n)$ auf Konvergenz. Geben Sie, falls möglich, den Grenzwert oder die Häufungspunkte an.

$$a_n = \frac{6n^2 + 1}{3n} - \frac{(6n^2 + 5)n - 2}{3n^2 + 3n}$$

# Lösungsvorschläge zu 2:

**2.A** Hier müssen zuerst die Betragszeichen ersetzt werden. Betrag von x bedeutet, dass immer der positive Wert von x genommen wird. Wenn x positiv ist, kann man den Betrag auch weglassen, denn dann ändert er ja nichts. Wenn x dagegen negativ ist, dann wirkt der Betrag wie ein Minuszeichen vor dem x.
Also gilt für $x < 0$, $|x| = -x$. In dem zu betrachtenden Grenzwert geht x gegen $-\infty$, also kann auch hier $|x|$ durch $-x$ ersetzt werden.

$$\lim_{x \to -\infty} \frac{2|x|^3 - x^2}{2 + x^2 + 3x^3} = \lim_{x \to -\infty} \frac{2(-x)^3 - x^2}{2 + x^2 + 3x^3} = \lim_{x \to -\infty} \frac{-2x^3 - x^2}{2 + x^2 + 3x^3}$$

Nun wird die höchste gemeinsame Potenz im Zähler und Nenner ausgeklammert (alternativ könnte die Regel von l'Hospital angewendet werden, allerdings müsste hierbei ziemlich oft abgeleitet werden, bis nicht mehr Nenner und Zähler beide gegen unendlich gehen):

$$= \lim_{x \to -\infty} \frac{x^3}{x^3} * \frac{-2 - \frac{1}{x}}{\frac{2}{x^3} + \frac{1}{x} + 3}$$

Der vordere Term kürzt sich weg, und für x gegen unendlich werden im hinteren Term alle Glieder, bei denen x im Nenner steht, Null. Nach den Grenzwertsätzen können diese Grenzübergänge einzeln durchgeführt werden, so dass sich ergibt:

$$= \frac{-2 - 0}{0 + 0 + 3} = -\frac{2}{3}$$

**2.B** $\lim_{x \to 1} \frac{x^2 - 1}{x^3 - x^2 - x + 1}$

Für $x \to 1$ gehen Nenner und Zähler gegen Null, also kann die Regel von l'Hospital angewendet werden. (Alternativ könnte auch der Ausdruck $(x-1)$ durch Polynomdivision aus dem Zähler und Nenner herausgeteilt werden. Dieses Verfahren ist zwar eleganter, aber den meisten dürfte es mehr Schwierigkeiten bereiten als die Regel von l'Hospital.)

$$\lim_{x \to 1} \frac{x^2 - 1}{x^3 - x^2 - x + 1} = \lim_{x \to 1} \frac{2x}{3x^2 - 2x - 1}$$

Der Nenner ist für $x=1$ immer noch Null, aber der Zähler ist ungleich

Null (2∗1); daher geht die Funktion gegen unendlich und es existiert kein Grenzwert (Polstelle der Funktion).

**2.C** $\lim\limits_{x \to 2} \dfrac{3x^2 - 12}{x^3 - 2x^2 - 4x + 8} = \lim\limits_{x \to 2} \dfrac{6x}{3x^2 - 4x - 4}$ (l'Hospital)

Der Nenner ist für x gleich 2 immer noch Null, der Zähler aber nicht, somit geht die Funktion gegen unendlich und daher existiert kein Grenzwert.

**2.D** $\lim\limits_{x \to -\infty} \dfrac{5x^2 - 3|x|^5}{2x^5 - x + 1}$ (hier kann wie bei 2.A vorgegangen werden)

$= \lim\limits_{x \to -\infty} \dfrac{5x^2 - 3(-x)^5}{2x^5 - x + 1} = \lim\limits_{x \to -\infty} \dfrac{5x^2 + 3x^5}{2x^5 - x + 1}$

$= \lim\limits_{x \to -\infty} \dfrac{x^5}{x^5} \dfrac{\frac{5}{x^3} + 3}{2 - \frac{1}{x^4} + \frac{1}{x^5}} = 1{,}5$

**2.E** $\lim\limits_{x \to \infty} \dfrac{5x^3 - 8x^2 + 3}{9x^4 - 3x^3 + x} = \lim\limits_{x \to \infty} \dfrac{x^3 \left(5 - \frac{8}{x} + \frac{3}{x^3}\right)}{x^4 \left(9 - \frac{3}{x} + \frac{1}{x^3}\right)}$

$= \lim\limits_{x \to \infty} \dfrac{\left(5 - \frac{8}{x} + \frac{3}{x^3}\right)}{x \left(9 - \frac{3}{x} + \frac{1}{x^3}\right)} = \lim\limits_{x \to \infty} \dfrac{1}{x} * \dfrac{5}{9} = 0$

**2.F** $\lim\limits_{x \to 4} \dfrac{x^3 - 8x^2 + 16x}{x^3 - 9x^2 + 24x - 16}$

Für x=4 werden Zähler und Nenner beide Null. Also folgt (l'Hospital):

$\lim\limits_{x \to 4} \dfrac{x^3 - 8x^2 + 16x}{x^3 - 9x^2 + 24x - 16} = \lim\limits_{x \to 4} \dfrac{3x^2 - 16x + 16}{3x^2 - 18x + 24}$

Da Nenner und Zähler immer noch beide Null sind, wird noch einmal abgeleitet:

$= \lim\limits_{x \to 4} \dfrac{6x - 16}{6x - 18} = \dfrac{24 - 16}{24 - 18} = \dfrac{8}{6} = \dfrac{4}{3}$

**2.G** $\lim\limits_{x \to \infty} \dfrac{3x^2 - 7x}{4x^2 - 5x + 9} = \lim\limits_{x \to \infty} \dfrac{x^2}{x^2} * \dfrac{3 - \dfrac{7}{x}}{4 - \dfrac{5}{x} + \dfrac{9}{x^2}} = \dfrac{3}{4}$

**2.H** (l'Hospital)

$\lim\limits_{x \to 0} \dfrac{1 - \cos(x)}{x^2} = \lim\limits_{x \to 0} \dfrac{\sin(x)}{2x} = \lim\limits_{x \to 0} \dfrac{\cos(x)}{2} = \dfrac{1}{2}$

**2.I** Da Nenner und Zähler für $x \mapsto \infty$ ebenfalls gegen $\infty$ gehen, kann l'Hospital angewendet werden:

$\lim\limits_{x \to \infty} \dfrac{1 + x^2 + 2x^3}{x + x^2} = \lim\limits_{x \to \infty} \dfrac{2x + 6x^2}{1 + 2x} = \lim\limits_{x \to \infty} \dfrac{2 + 12x}{2}$

Nun geht nur noch der Zähler gegen unendlich. Somit geht auch der ganze Ausdruck gegen unendlich, und es existiert kein Grenzwert.

**2.J** Da Nenner und Zähler für $x \mapsto -1$ gegen 0 gehen, kann l'Hospital angewendet werden:

$\lim\limits_{x \to -1} \dfrac{1 + x^2 + 2x^3}{x + x^2} = \lim\limits_{x \to -1} \dfrac{2x + 6x^2}{1 + 2x} = \dfrac{-2 + 6}{1 - 2} = -4$

**2.K** $\lim\limits_{x \to 0} \ln(\dfrac{e^x}{1 + e^x}) = \ln(\dfrac{e^0}{1 + e^0}) = \ln(0{,}5) \quad -0{,}69$

**2.L** Da der Grenzwert gegen $-\infty$ betrachtet wird, sind für x immer negative Zahlen einzusetzen. Der Betrag ändert somit das Vorzeichen und er kann durch ein Minuszeichen ersetzt werden.

$\lim\limits_{x \to -\infty} \dfrac{5x + 2(|x|)^3}{x^3 - x}$

$= \lim\limits_{x \to -\infty} \dfrac{5x + 2(-x)^3}{x^3 - x}$

$= \lim\limits_{x \to -\infty} \dfrac{5x - 2x^3}{x^3 - x} = -2$

$= \lim\limits_{x \to -\infty} \dfrac{x^3}{x^3} \dfrac{5/x^2 - 2}{1 - 1/x^2} = -2$

**2.M** Da der Grenzwert gegen $-\infty$ betrachtet wird, kann „$|x - 2|$" durch „$-(x - 2)$" ersetzt werden. Es ergibt sich:

$$\lim_{n \to -\infty} \frac{|x - 2|(2 + x) - 4}{3x^2 - 4x + 1}$$

$$= \lim_{n \to -\infty} \frac{-(x - 2)(2 + x) - 4}{3x^2 - 4x + 1}$$

$$= \lim_{n \to -\infty} \left( \frac{x^2}{x^2} * \frac{-(1 - 2/x)(2/x + 1) - 4/x^2}{3 - 4/x + 1/x^2} \right) = -\frac{1}{3}$$

**2.N** Da alle Ausdrücke bei x=0 definiert sind, kann einfach eingesetzt werden:

$$\lim_{x \to 0} \frac{\ln(1 + x) - e^{2x + 1}}{(x - 1)^2} = \frac{\ln(1) - e^1}{1} = -e$$

**2.O** $\lim_{x \to a} \int_a^x \frac{1}{\sqrt{2\pi}} e^{-\frac{t^2}{2}} dt = \int_a^a \frac{1}{\sqrt{2\pi}} e^{-\frac{t^2}{2}} dt = 0$

**2.P** Dieser Grenzwert kann in einen Quotienten umgewandelt und nachfolgend mit der Regel von l'Hospital gelöst werden. (Alternativ könnte auch die Potenzreihenentwicklung für den cosinus verwendet werden.)

$$\lim_{x \to \infty} x \left( 1 - \cos\left(\tfrac{1}{x}\right) \right) = \lim_{x \to \infty} \frac{1 - \cos\left(\tfrac{1}{x}\right)}{x^{-1}}$$

Für x gegen $\infty$ gehen Nenner und Zähler jeweils gegen Null, so dass l'Hospital angewendet werden kann:

$$\lim_{x \to \infty} \frac{1 - \cos\left(\tfrac{1}{x}\right)}{x^{-1}} = \lim_{x \to \infty} \frac{-x^{-2} * \sin\left(\tfrac{1}{x}\right)}{-x^{-2}} = \lim_{x \to \infty} \sin\left(\tfrac{1}{x}\right) = 0$$

**2.Q** $\lim_{x \to 0} \frac{\tan x}{x} = \lim_{x \to 0} \frac{\frac{1}{\cos^2 x}}{1}$ \qquad (l'Hospital)

$= \lim_{x \to 0} \frac{1}{\cos^2 x} = \frac{1}{1} = 1$

**2.R** $\lim_{x \to 0} \dfrac{\sin^2 x}{x^2} = \lim_{x \to 0} \dfrac{2 \sin x \cos x}{2x}$ (l'Hospital)

Da Nenner und Zähler immer noch beide Null ergeben, wenn man für x Null einsetzt, kann noch einmal die Regel von l'Hospital angewendet werden:

$$= \lim_{x \to 0} \dfrac{2(\cos x * \cos x + \sin x * (-\sin x))}{2} = 1$$

**2.S** Zunächst wird der Term in einen Bruch umgewandelt:

$$\lim_{n \to \infty} n * \ln\left(1 + \dfrac{1}{n}\right) = \lim_{n \to \infty} \dfrac{\ln\left(1 + \dfrac{1}{n}\right)}{\dfrac{1}{n}}$$

Für n gegen unendlich gehen sowohl der Zähler als auch der Nenner, gegen Null, somit kann l' Hospital angewendet werden:

$$\lim_{n \to \infty} \dfrac{\ln\left(1 + \dfrac{1}{n}\right)}{\dfrac{1}{n}} = \lim_{n \to \infty} \dfrac{\dfrac{1}{1 + \dfrac{1}{n}} * \left(-\dfrac{1}{n^2}\right)}{-\dfrac{1}{n^2}}$$

$$= \lim_{n \to \infty} \dfrac{1}{1 + \dfrac{1}{n}} = 1$$

**2.T** $\lim_{x \to -\infty} \ln(\sin(e^x))$

$e^x$ geht für x gegen $-\infty$ gegen Null. Für kleine y gilt: $\sin(y) \approx y$

Wenn man diese Näherung benutzt, die erlaubt ist, weil $e^x$ beliebig klein wird, ergibt sich:

$$\lim_{x \to -\infty} \ln(\sin(e^x)) = \lim_{x \to -\infty} \ln(e^x) = \lim_{x \to -\infty} x$$

Der Ausdruck geht also für $x \to -\infty$ ebenfalls gegen $-\infty$. Somit existiert kein reeller Grenzwert.

**2.U** Zunächst müssen die beiden Terme auf den Hauptnenner gebracht werden. Der Hauptnenner ergibt sich als das Produkt der beiden Nenner:

$$3 * (2n^2 + 1) = 6n^2 + 3$$

Um diesen Nenner zu erhalten werden die Brüche jeweils mit dem Nenner des anderen Bruchs erweitert:

$$\frac{3n+2}{3} - \frac{2(n^3+1)}{2n^2+1}$$

$$= \frac{2n^2+1}{2n^2+1} * \frac{3n+2}{3} - \frac{3}{3} * \frac{2(n^3+1)}{2n^2+1}$$

$$= \frac{6n^3+3n+4n^2+2}{6n^2+3} - \frac{6n^3+6}{6n^2+3}$$

$$= \frac{4n^2+3n-4}{6n^2+3}$$

Für den Grenzwert dieses Ausdrucks ergibt sich:

$$= \lim_{n \to \infty} \left( \frac{n^2}{n^2} \frac{4 + \frac{3}{n} - \frac{4}{n^2}}{6 + \frac{3}{n^2}} \right) = \frac{2}{3}$$

Die Folge ist somit konvergent und hat den Grenzwert $\frac{2}{3}$.

**2.V** Die Berechnung mit der Regel von l'Hospital wäre deutlich einfacher als die nachfolgend dargestellte Möglichkeit. Zwar handelt es sich bei den nachfolgenden Umformungen „nur" um Mittelstufenmathematik aber trotzdem ist die Auflösung relativ aufwendig. Es fragt sich auch, ob es sinnvoll sein kann, die Benutzung einer bekannten Regel in einer Klausur zu verbieten. Für alle die, bei denen derartige Aufgaben aber dennoch in den Klausuren auftreten, wird nachfolgend die Lösung präsentiert:

Zunächst müssen Zähler und Nenner in Faktoren zerlegt werden. Hierzu werden als erstes die Nullstellen bestimmt. Für den Nenner ergibt sich:

$$7 + 2x - 9x^2 = 0$$
$$\Leftrightarrow -9(x^2 - \frac{2}{9}x - \frac{7}{9}) = 0$$
$$\Leftrightarrow x^2 - \frac{2}{9}x - \frac{7}{9} = 0$$
$$\Leftrightarrow x = 1 \lor x = -\frac{7}{9}$$

Somit ergibt sich folgende Zerlegung:

$$x^2 - \frac{2}{9}x - \frac{7}{9} = (x - 1) * (x - (-\frac{7}{9}))$$
$$= (x - 1) * (x + \frac{7}{9})$$

Für den gesamten Nenner folgt:

$$7 + 2x - 9x^2 = -9(x^2 - \frac{2}{9}x - \frac{7}{9}) = -9(x - 1) * (x + \frac{7}{9})$$

Für den Zähler ergibt sich:

$2x^2 - 3x + 1 = 0$

$\Leftrightarrow 2(x^2 - 1{,}5x + 0{,}5) = 0$

$\Leftrightarrow x^2 - 1{,}5x + 0{,}5 = 0$

$\Leftrightarrow x = 1 \vee x = 0{,}5$

Somit ergibt sich folgende Zerlegung:

$$x^2 - 1{,}5x + 0{,}5 = (x - 1) * (x - 0{,}5)$$

Für den gesamten Zähler:

$$2x^2 - 3x + 1 = 2(x^2 - 1{,}5x + 0{,}5) = 2(x - 1) * (x - 0{,}5)$$

Insgesamt ergibt sich für den Grenzwert:

$$\lim_{x \to 1} \frac{2(x - 1) * (x - 0{,}5)}{-9(x - 1) * (x + \frac{7}{9})}$$
$$= \lim_{x \to 1} \frac{2(x - 0{,}5)}{-9(x + \frac{7}{9})} = \frac{2(1 - 0{,}5)}{-9(1 + \frac{7}{9})} = -\frac{1}{16}$$

**2.W** Da Nenner und Zähler für $x \to \infty$ ebenfalls gegen $\infty$ gehen, kann l'Hospital angewendet werden. Zuvor wird der Ausdruck noch nach den Rechenregeln für Logarithmen umgeformt, hierdurch vereinfacht sich die Ableitung des Zählers.

$$\lim_{t \to \infty} \frac{\ln(t^2)}{t} = \lim_{t \to \infty} \frac{2\ln(t)}{t} = \lim_{t \to \infty} \frac{\frac{2}{t}}{1} = \lim_{t \to \infty} \frac{2}{t} = 0$$

## 2 Grenzwerte

**2.X** Hier soll der Grenzwert für x(p) berechnet werden. Hierzu muss die gegebene Funktion p(x) zunächst nach x aufgelöst werden:

$$p = \frac{1}{e^{(x^3 - 64)} - 1} \Leftrightarrow e^{(x^3 - 64)} - 1 = \frac{1}{p} \Leftrightarrow e^{(x^3 - 64)} = \frac{1}{p} + 1 \; | \ln$$

$$\Leftrightarrow x^3 - 64 = \ln(\tfrac{1}{p} + 1) \Leftrightarrow x^3 = \ln(\tfrac{1}{p} + 1) + 64 \; | \sqrt[3]{}$$

$$\Leftrightarrow x = \sqrt[3]{\ln(\tfrac{1}{p}+1)+64}$$

Von diesem Ausdruck muss nun der Grenzwert bestimmt werden:

$$\lim_{p \to \infty} \sqrt[3]{\ln(\tfrac{1}{p}+1)+64} = \sqrt[3]{0+64} = 4$$

**2.Y** Die beiden Brüche müssen zunächst auf den Hauptnenner gebracht werden. In diesem Fall ist der Nenner des zweiten Bruches ($3n^2 + 3n$) ein Vielfaches des Nenners des ersten Bruches ($3n$). Daher ist $3n^2 + 3n$ der Hauptnenner. Somit wird der erste Bruch mit $n + 1$ erweitert:

$$\frac{6n^2 + 1}{3n} - \frac{(6n^2 + 5)n - 2}{3n^2 + 3n}$$

$$= \frac{(6n^2 + 1)(n+1)}{3n(n+1)} - \frac{(6n^2 + 5)n - 2}{3n^2 + 3n}$$

$$= \frac{6n^3 + 6n^2 + n + 1 - 6n^3 - 5n + 2}{3n^2 + 3n}$$

$$= \frac{6n^2 - 4n + 3}{3n^2 + 3n}$$

Für den Grenzwert ergibt sich:

$$= \lim_{n \to \infty} \left( \frac{6n^2 - 4n + 3}{3n^2 + 3n} \right)$$

$$= \lim_{n \to \infty} \left( \frac{n^2}{n^2} \cdot \frac{6 - \tfrac{4}{n} + \tfrac{3}{n^2}}{3 + \tfrac{3}{n}} \right) = 2$$

# 3 Differentialrechnung einer Veränderlichen

## 3.1 Bestimmung von Extremwerten

**3.1.A** Bestimmen und klassifizieren Sie alle Extrema von

$f: [0,1 ; 2] \to \mathbb{R};\ x \to f(x) = \ln(x) - x^2$

**3.1.B** Bestimmen Sie Max[f(x)] und Min[f(x)] für

$f: [0,1; 3] \to \mathbb{R};\ x \to f(x) = \ln(x) + x^2 - 4x + 3$

**3.1.C** Gegeben ist eine Produktionsfunktion

$Y(r) = -0.3r^3 + 18r^2 + 81r$    (Y: Output; r: Input).

Dabei darf der Input $r \geq 0$ maximal 31 Mengeneinheiten betragen.

a) Wo liegt im vorgegebenen Inputbereich das Ertragsmaximum (d.h. das Maximum des Outputs)?

b) Für welchen Faktorinput $r_1$ wird die Grenzproduktivität (d.h. die 1. Ableitung von Y(r)) maximal? Zeigen Sie, dass es sich wirklich um ein Maximum handelt.

c) Für welchen Faktorinput $r_2$ ist der Durchschnittsertrag

$\dfrac{Y(r)}{r}$ maximal?

d) Für welchen Faktorinput $r_3$ sind Grenzproduktivität und Durchschnittsertrag identisch?

**3.1.D** Bestimmen und klassifizieren Sie alle Extrema der Funktion

$f: [-1, 2] \to \mathbb{R}$ mit $f(x) = x^4 * e^{-x}$

**3.1.E** Gegeben ist die Integralfunktion

$F: x \to \int_0^x \dfrac{t^3 + 2t}{t^2 + 1}\, dt\ (x \in \mathbb{R})$.

a) Zeigen Sie, dass F höchstens eine lokale Extremstelle hat.

b) Untersuchen Sie, ob F tatsächlich ein lokales Extremum besitzt, und bestimmen Sie gegebenenfalls die Art des Extremums.

**3.1.F** Für einen Produzenten von Luxusautomobilen ergebe sich folgende Preisabsatz- und Grenzkostenfunktion:

$p(x) = -4x^2 + 500.000$

$K'(x) = -200x + 500.000$

Hierbei beträgt die maximal mögliche Produktionsmenge 500 Einheiten.

Die Produzentenrente PR (auch Deckungsbeitrag oder Brutto-Gewinn genannt) ist folgendermaßen definiert:

$$PR(z) = \int_0^z (p(x) - K'(x))\, dx$$

a) Bestimmen Sie die Produzentenrente in Abhängigkeit von z.

b) Bestimmen Sie die maximale Produzentenrente (Gewinnmaximum).

**3.1.G** Berechnen und klassifizieren Sie die Extrema von

f: $[0; 1] \to \mathbb{R}$ mit $f(x) = e^x + x^2$

**3.1.H** Berechnen und klassifizieren Sie die Extrema von

f: $[-4; 4] \to \mathbb{R}$ mit $f(x) = 2e^{2x} - 4x$

**3.1.I** Gegeben sei die Funktion

f: $\mathbb{R} \to \mathbb{R}\setminus\{0\}$ mit $f(x) = x^2 \ln(x^2) - 2x^2$

Bestimmen und klassifizieren Sie die Extrema von f.

**3.1.J** Für ein Unternehmen sei die folgende Gewinnfunktion gegeben:

G: $[0; 5] \to \mathbb{R}$ mit $G(x) = x^3 - 6x^2 + 9x$

a) Bestimmen Sie die relativen Maxima dieser Funktion!

b) Welchen Faktoreinsatz (x) würden Sie dem Unternehmen empfehlen, wie hoch ist der zugehörige Gewinn?

c) Wie würde der maximale Gewinn lauten, wenn die folgende Gewinnfunktion gegeben ist?

$G^*: [0; 5] \to \mathbb{R}$ mit $G^*(x) = e^{(x^3 - 6x^2 + 9x)}$

**3.1.K** Bestimmen Sie für die Funktion f: $\mathbb{R} \to \mathbb{R}$

$f(x) = x^2 e^{-\frac{x}{2}}$

a) alle Nullstellen.

b) alle lokalen Extrema und klassifizieren Sie diese.

c) die Monotoniebereiche und klassifizieren Sie diese.

d) Berechnen Sie $\lim\limits_{x \to \infty} f(x)$ und $\lim\limits_{x \to -\infty} f(x)$.

# Lösungsvorschläge zu 3.1:

**3.1.A** Zunächst werden die beiden Randwerte berechnet. Hierzu werden die beiden Grenzen des Definitionsbereiches (0,1 und 2) für x in die Funktion eingesetzt:

$f(0,1) = \ln 0,1 - 0,01 = -2,31$

$f(2) = \ln 2 - 4 = -3,31$

Als nächstes wird die Funktion auf **Hoch- und Tiefpunkte** untersucht. Diese können nur da vorliegen, wo die Steigung der Funktion gleich Null ist. Also muss die erste Ableitung gerade gleich Null sein. Für die Ableitungen ergibt sich:

$f'(x) = \frac{1}{x} - 2x = x^{-1} - 2x$

$f''(x) = -x^{-2} - 2$

$f'(x) = 0 \Leftrightarrow \frac{1}{x} - 2x = 0 \;|\; *x$ (x=0 liegt nicht im Definitionsbereich)

$\Leftrightarrow 1 - 2x^2 = 0 \Leftrightarrow x^2 = 0,5 \Leftrightarrow x = \pm\sqrt{0,5}$

Die negative Wurzel liegt aber außerhalb des Definitionsbereiches, der ja nur das Intervall $[0,1; 2]$ ist. Somit kommt nur die positive Wurzel als Extremwert in Frage. Um zu überprüfen, ob es wirklich ein Extremwert ist, und wenn ja, ob es sich dann um einen Hoch- oder Tiefpunkt handelt, muss der gefundene Wert noch in die zweite Ableitung eingesetzt werden.

$f''(\sqrt{0,5}) = -\sqrt{0,5}^{-2} - 2 = -\frac{1}{0,5} - 2 = -4 < 0$

Da die zweite Ableitung an der untersuchten Stelle negativ ist, handelt es sich um einen Hochpunkt. Der Funktionswert für den Hochpunkt ergibt sich durch Einsetzen in die Ursprungsfunktion:

$f(\sqrt{0,5}) = -0,85$

Nun sind die einzelnen Werte noch zu klassifizieren. Ein globales Extremum liegt immer dann vor, wenn bei diesem X-Wert der höchste oder niedrigste Y-Wert für den gesamten Definitionsbereich vorliegt. (Da ein lokales (bzw. relatives) Extremum immer eine Umgebung in beide Richtungen haben muss, für die der Funktionswert maximal oder minimal ist, können Randwerte keine lokalen Extrema sein.)

$f(0,1) = -2,31$
$f(\sqrt{0,5}) = -0,85$     globales Maximum
$f(2) = -3,31$     globales (Rand-) Minimum

In der nebenstehenden Zeichnung der Funktion lassen sich die Zusammenhänge gut erkennen:

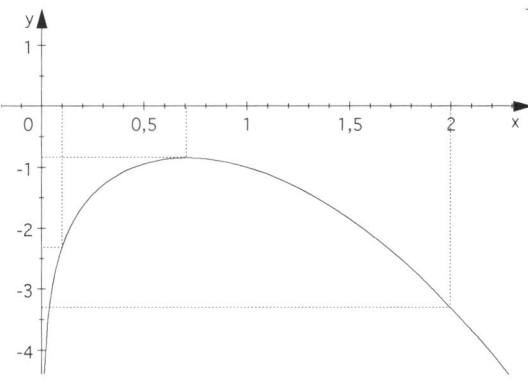

## 3.1.B

**Randwerte:** $f(0,1) = \ln 0,1 + 0,01 - 0,4 + 3 = 0,31$
$f(3) = \ln 3 + 9 - 12 + 3 = 1,1$

**Hoch- und Tiefpunkte:**

$f'(x) = \frac{1}{x} + 2x - 4 = 0$

$\Leftrightarrow 1 + 2x^2 - 4x = 0$

$\Leftrightarrow x^2 - 2x + 0,5 = 0$

Eine derartige quadratische Gleichung lässt sich mittels einer quadratischen Ergänzung oder auch der durch diese Methode ermittelten pq-Formel finden. Wer dies nicht mehr beherrscht (es handelt sich um den Stoff der 9. oder 10. Klasse), sollte sein Wissen dringend auffrischen (z.B. im Anhang "Mathematik - anschaulich dargestellt - ..."), denn dieses ist wirklich eine elementare mathematische Fähigkeit, die sehr häufig benötigt wird. Mittels der quadratischen Ergänzung ergibt sich:

$$x^2 - 2x + 0,5 = 0$$

$$\Leftrightarrow (x-1)^2 - 1 + 0,5 = 0$$

$$\Leftrightarrow (x-1)^2 = 0,5$$

$$\Leftrightarrow x - 1 = \pm\sqrt{0,5} \Leftrightarrow x = \pm\sqrt{0,5} + 1$$

$$\Leftrightarrow x = 0,29 \vee x = 1,71$$

Aus $f'(x) = \frac{1}{x} + 2x - 4 = x^{-1} + 2x - 4$ ergibt sich für $f''(x)$:

$$f''(x) = -x^{-2} + 2$$

Bei den Nullstellen der ersten Ableitung ergeben sich nun folgende Werte für die zweite Ableitung:

$f''(0,29) = -9,89 < 0 \Rightarrow$ Hochpunkt

$f''(1,71) = 1,66 > 0 \Rightarrow$ Tiefpunkt

Gefragt war nach dem Maximum und Minimum der Funktion in dem gegebenen Intervall. Um diese feststellen zu können, müssen die Funktionswerte des Hoch- und Tiefpunktes mit den Randwerten verglichen werden:

$f(0,1) = 0,31$

$f(0,29) = 0,69$

$f(1,71) = \mathbf{-0,38}$

$f(3) = \mathbf{1,1}$

Das globale Minimum liegt also bei dem Tiefpunkt bei x=1,71 und das globale Maximum am Rand bei x=3. Die Lösung lautet somit:

$\text{Max}\left[f(x)\right] = f(3) = 1,1$

$\text{Min}\left[f(x)\right] = f(1,71) = -0,38$

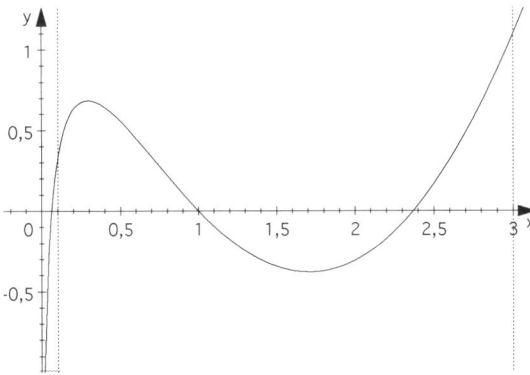

Eine Zeichnung kann auch hier hilfreich sein.

Man sieht deutlich, dass der größte Funktionswert nicht bei dem Hochpunkt, sondern bei dem Randmaximum liegt.

**3.1.C a)** Hier muss das Maximum von Y(r) bestimmt werden:

$$Y'(r) = -0{,}9r^2 + 36r + 81 = 0$$
$$\Leftrightarrow r^2 - 40r - 90 = 0 \Leftrightarrow (r-20)^2 - 400 - 90 = 0$$
$$\Leftrightarrow r - 20 = \sqrt{490} \Leftrightarrow r = 42{,}14 \lor r = -2{,}14$$

Beide Werte liegen außerhalb des Definitionsbereiches (0 bis 31). Da die Funktion stetig ist, gibt es nun nur Randextrema.

$$Y(0) = 0 \qquad Y(31) = 10871{,}7$$

Das Maximum des Outputs liegt also bei r = 31.

b) Nun soll das Maximum der ersten Ableitung des Outputs bestimmt werden. Mögliche Extrema der ersten Ableitung liegen bei den Nullstellen der zweiten Ableitung.

$$Y'(r) = -0{,}9r^2 + 36r + 81$$
$$Y''(r) = -1{,}8r + 36 = 0 \Leftrightarrow r = 20$$
$$Y'''(r) = -1{,}8 < 0$$

Da die dritte Ableitung (sie ist die zweite Ableitung der ersten Ableitung) negativ ist, hat die erste Ableitung bei r = 20 ein Maximum.

c) Nun ist die Berechnung für den Durchschnittsertrag durchzuführen:

$$\frac{Y(r)}{r} = -0{,}3r^2 + 18r + 81$$

$(\frac{Y(r)}{r})' = -0{,}6r + 18 = 0 \Leftrightarrow r = 30$

$(\frac{Y(r)}{r})'' = -0{,}6 > 0 \Rightarrow$ Maximum bei r = 30

d) Die beiden Funktionen müssen gleichgesetzt werden:

$Y(r)' = -0{,}9r^2 + 36r + 81 = -0{,}3r^2 + 18r + 81 = \frac{Y(r)}{r}$

$\Leftrightarrow -0{,}6r^2 + 18r = 0 \Leftrightarrow r = 0 \lor r = 30$

Dieses Ergebnis ist auch einleuchtend: Bei einer Ausbringungsmenge von Null ist eine zusätzliche Grenzeinheit gleichzeitig die gesamte Produktion, so dass Grenzproduktivität und Durchschnittsertrag identisch sind. Bei r = 30 liegt auch das Maximum des Durchschnittsertrages, wie unter c gezeigt wurde. Im Maximum des Durchschnittsertrages müssen aber Grenzproduktivität und Durchschnittsertrag identisch sein. Wäre die Grenzproduktivität höher als der Durchschnittsertrag, so könnte der Durchschnittsertrag durch eine geringere Produktion erhöht werden.

**3.1.D** Als Randwerte ergeben sich:

$f(-1) = e = 2.718$

$f(2) = 16 * e^{-2} = 2.165$

Für die Ableitung folgt:

$f'(x) = 4x^3 e^{-x} - x^4 e^{-x}$     (Produktregel!)

$= (4x^3 - x^4) * e^{-x}$

Nun wird die Ableitung gleich Null gesetzt:

$(4x^3 - x^4) * e^{-x} = 0$

Ein Produkt kann nur dann Null sein, wenn mindestens einer der beiden Faktoren Null ist:

$4x^3 - x^4 = 0 \lor e^{-x} = 0$     ($e^{-x}$ wird nie Null)

$\Rightarrow 4x^3 - x^4 = 0 \Leftrightarrow (4-x) * x^3 = 0 \Leftrightarrow (4-x) = 0 \lor x^3 = 0$

$\Leftrightarrow x = 4 \lor x = 0$

Da 4 außerhalb des betrachteten Intervalls liegt, ist bei x=0 der einzige mögliche Hoch- oder Tiefpunkt im betrachteten Intervall.

## 3.1 Extremwerte

Für die zweite Ableitung ergibt sich:

$$f''(x) = (12x^2 - 4x^3)*e^{-x} - (4x^3 - x^4)*e^{-x} \quad \text{(Produktregel)}$$

Setzt man nun für x Null ein, so ergibt sich:

$$f''(0) = 0$$

Damit lässt sich noch keine eindeutige Aussage treffen. Man müsste nun weiter ableiten, bis eine Ableitung, für Null eingesetzt, nicht 0 ergibt. Ist diese Ableitung eine ungerade Ableitung (f''', f''''' etc.), so handelt es sich um einen Sattelpunkt, ist es eine gerade Ableitung (f'''', f'''''' etc.), so handelt es sich um einen Extremwert.

Man kann bei dieser Aufgabe aber auch gleich anders vorgehen und die erste Ableitung auf Vorzeichenwechsel bei ihrer Nullstelle überprüfen. Ändert sich das Vorzeichen der ersten Ableitung in der Nullstelle der ersten Ableitung nicht, so handelt es sich um keinen Extremwert, denn dann fällt oder steigt die Funktion auf beiden Seiten, so dass es sich um einen Sattelpunkt handelt. Ist die Steigung links größer als Null und rechts kleiner als Null, so handelt es sich um einen Hochpunkt, denn hierbei steigt die Funktion ja auf der linken Seite und fällt dann wieder auf der rechten Seite.

Da es in diesem Fall nur eine Nullstelle der ersten Ableitung im betrachteten Intervall gibt und die Funktion überall stetig ist, können für die Überprüfung auf Vorzeichenwechsel beliebige Werte aus dem Intervall betrachtet werden. Am besten nimmt man sich möglichst einfache Werte, also hier z.B. 1 und -1:

$$f'(1) = (4 - 1)*e^{-1} > 0$$
$$f'(-1) = (-4 - 1)*e < 0$$

Die Funktion fällt also auf der linken Seite und steigt auf der rechten Seite. Somit handelt es sich um einen Tiefpunkt. Insgesamt ergibt sich somit:

$$f(-1) = e = 2{,}718 \qquad \text{globales (Rand-) Maximum}$$
$$f(2) = 16*e^{-2} = 2{,}165$$
$$f(0) = 0 \qquad \text{globales Minimum}$$

In der nebenstehenden Grafik ist die Funktion dargestellt worden.

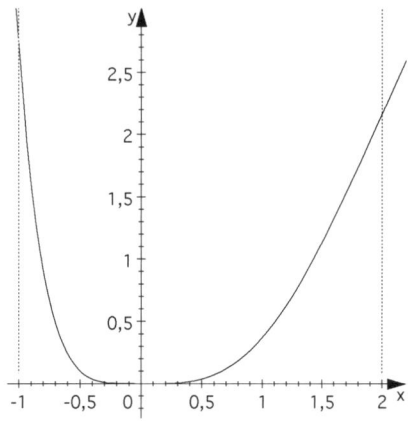

**3.1.E** Zur Überprüfung auf Extremstellen muss die Integralfunktion abgeleitet werden. Als Ableitung ergibt sich aber gerade der Ausdruck, der im Integral steht:

$$\int_0^x f(t)dt = F(x) - F(0)$$

$$(F(x) - F(0))' = f(x)$$

Diese Ableitung wird nun gleich Null gesetzt:

$$\frac{x^3 + 2x}{x^2 + 1} = 0$$

Der Nenner wird nie Null, daher wird der Ausdruck genau dann Null, wenn der Zähler Null wird:

$$x^3 + 2x = 0 \Leftrightarrow x(x^2+2) = 0 \Leftrightarrow x = 0 \lor x^2 = -2$$

Da die Wurzel einer negativen Zahl in $\mathbb{R}$ nicht definiert ist, liegt die einzige Lösung bei $x = 0$. Da die Integralfunktion stetig ist, kann sie höchstens eine einzige Extremstelle haben, nämlich bei $x = 0$.

b) Am einfachsten lässt sich diese Aufgabe durch Überprüfung der ersten Ableitung auf Vorzeichenwechsel lösen. Nachfolgend werden $-1$ und $1$ eingesetzt:

$$\frac{(-1)^3 + 2*(-1)}{(-1)^2 + 1} = -\frac{3}{2} < 0$$

$$\frac{1^3 + 2*1}{1^2 + 1} = \frac{3}{2} > 0$$

Das Vorzeichen der ersten Ableitung wechselt also von − nach +. Die Funktion fällt zunächst und steigt dann wieder. Somit handelt es sich tatsächlich um einen Extremwert, und zwar um einen Tiefpunkt.

**3.1.F** a) Wie in der Aufgabenstellung bereits angegeben, ergibt sich die Produzentenrente folgendermaßen:

$$PR(z) = \int_0^z (p(x) - K'(x))\, dx$$

Es muss also zunächst das entsprechende Integral berechnet werden:

$$PR(z) = \int_0^z (-4x^2 + 500.000 - (-200x + 500.000))\, dx$$
$$= \int_0^z (-4x^2 + 200x)\, dx = \left[-\frac{4}{3}x^3 + 100x^2\right]_0^z$$
$$= -\frac{4}{3}z^3 + 100z^2 - \left(-\frac{4}{3}0^3 + 100*0^2\right) = -\frac{4}{3}z^3 + 100z^2$$

b) Es soll das Maximum der Produzentenrente, also der folgenden Funktion, bestimmt werden:

$$PR(z) = -\frac{4}{3}z^3 + 100z^2$$

Für die Ableitung ergibt sich:

$$PR'(z) = -4z^2 + 200z$$

(Diese Ableitung entspricht der Funktion, die ursprünglich in dem Integral stand.) Jetzt wird die Ableitung gleich Null gestzt:

$$-4z^2 + 200z = 0 \Leftrightarrow (-4z + 200)*z = 0$$
$$\Leftrightarrow -4z + 200 = 0 \ \vee \ z = 0$$
$$\Leftrightarrow -4z = -200 \ \vee \ z = 0$$
$$\Leftrightarrow z = 50 \ \vee \ z = 0$$

Die zweite Ableitung der Funktion lautet:

$$PR''(z) = -8z + 200$$

Für die beiden Nullstellen der ersten Ableitung ergibt sich somit:

$$PR''(0) = -8*0 + 200 = 200 > 0$$
$$PR''(50) = -8*50 + 200 = -200 < 0$$

Ein Hochpunkt liegt somit bei z = 50. Die maximale Produzentenrente ergibt sich also bei einer Produktionsmenge von 50 Einheiten. Für die zugehörige Produzentenrente ergibt sich:

$$PR(50) = -\frac{4}{3} 50^3 + 100 * 50^2 = 83.333$$

**3.1.G** Die Randwerte lauten:

f(0)= 1

f(1)= e+1 = 3,72

Nach den elementaren Ableitungsregeln ergibt sich:

$$f'(x) = e^x + 2x$$

Ein Extremum kann vorliegen, wenn die erste Ableitung (also die Steigung der Funktion) gerade gleich Null ist:

$$e^x + 2x = 0$$

Diese Gleichung lässt sich unglücklicherweise nicht nach x auflösen. Eine Lösung lässt sich nur numerisch finden, aber in diesem Fall ist dies nicht nötig, denn in dem Intervall $[0; 1]$ wird $e^x + 2x$ nie negativ oder Null, es gilt

$e^x > 0$ und im Intervall $[0; 1]$ $2x \geq 0$,

also gilt im Intervall $[0; 1]$ $f'(x) = e^x + 2x > 0$

Die Funktion ist somit in diesem Intervall streng monoton steigend und besitzt keinen Hoch- oder Tiefpunkt in dem Intervall.

Also hat die Funktion nur Randextrema:

f(0)= 1 globales Randminimum

f(1)= 3,72 globales Randmaximum

Hilfreich kann es in diesem Fall auch sein, die Funktion zu zeichnen:

In der Zeichnung kann man sehr deutlich erkennen, dass die Funktion im Intervall $[0, 1]$ nur die beiden Randextrema bei 0 und 1 besitzt.

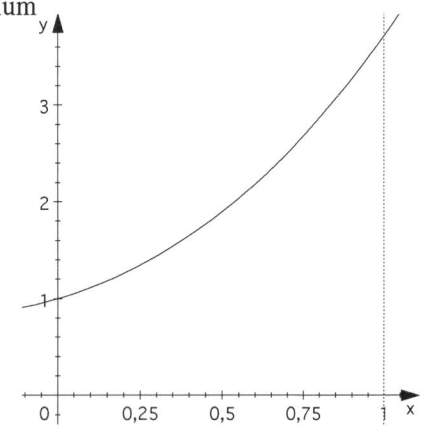

## 3.1.H Randwerte:

$f(-4) = 2e^{-8} + 16 = 16$

$f(4) = 2e^{8} - 16 = 5945{,}92$

**Hoch- und Tiefpunkte:**

$f'(x) = 4e^{2x} - 4 = 0 \Leftrightarrow 4e^{2x} = 4 \Leftrightarrow e^{2x} = 1 \mid \ln$

$\Leftrightarrow \ln(e^{2x}) = \ln 1 \Leftrightarrow 2x = 0 \Leftrightarrow x = 0$

$f''(x) = 8e^{2x} \Rightarrow f''(0) = 8e^{0} = 8 > 0 \Rightarrow$ Tiefpunkt bei $x = 0$

Somit ergibt sich insgesamt:

$f(-4) = 16$

$f(0) = 2e^{0} - 0 = 2$ globales Minimum

$f(4) = 5945{,}92$ globales Randmaximum

## 3.1.I

Vor dem Ableiten kann man zunächst umformen:

$f(x) = x^{2}\ln(x^{2}) - 2x^{2} = 2x^{2}\ln|x| - 2x^{2}$

Für die Ableitungen der Funktion ergibt sich:

$f'(x) = 4x \ln|x| + 2x^{2} * \dfrac{1}{x} - 4x = 4x \ln|x| + 2x - 4x$

$= 4x \ln|x| - 2x$

$f''(x) = 4 \ln|x| + 4x * \dfrac{1}{x} - 2 = 4 \ln|x| + 2$

$f'''(x) = \dfrac{4}{x}$

Mögliche Extrema liegen bei den Nullstellen der ersten Ableitung:

$f'(x) = 4x \ln|x| - 2x = 0$

$\Leftrightarrow 2x(2\ln|x| - 1) = 0$

$\Leftrightarrow x = 0 \ \lor\ 2\ln|x| - 1 = 0 \mid +1$

$\Leftrightarrow 2\ln|x| = 1 \mid /2$

$\Leftrightarrow \ln|x| = 0{,}5 \mid e^{\text{hoch}}$

$\Leftrightarrow |x| = e^{0{,}5}$

$\Leftrightarrow x = e^{0{,}5} \ \lor\ x = -e^{0{,}5}$ (in beiden Fällen ist $|x| = e^{0{,}5}$)

Bei $x=0$ ist die Funktion nicht definiert. Somit liegen die einzigen Nullstellen der ersten Ableitung bei $x = e^{0{,}5}$ und $x = -e^{0{,}5}$.

$f''(e^{0{,}5}) = 4 \ln|e^{0{,}5}| + 2 = 4 * 0{,}5 * \ln(e) + 2 = 4 > 0$

$f''(-e^{0,5}) = 4 \ln|-e^{0,5}| + 2 = 4 * 0,5 + 2 = 4 > 0$

Da die zweite Ableitung an der Stelle $x = e^{0,5}$ und $x = -e^{0,5}$ positiv ist, liegt an beiden Stellen ein lokales Minimum vor. Für den Funktionswert an diesen Stellen ergibt sich:

$f(e^{0,5}) = (e^{0,5})^2 \ln((e^{0,5})^2) - 2(e^{0,5})^2$

$= (e^{0,5*2}) \ln((e^{0,5*2})) - 2(e^{0,5*2})$

$= e * \ln(e) - 2e = e * 1 - 2e = -e$

Auf dieselbe Weise ergibt sich:

$f(-e^{0,5}) = -e$

Die Funktion ist bei $x = 0$ unstetig. Im negativen bzw. positiven Bereich der x-Achse hat sie jeweils ihr globales Minimum bei $(e^{0,5}, -e)$ bzw. $(-e^{0,5}, -e)$.

Zur Veranschaulichung ist die Funktion nebenstehend grafisch dargestellt:

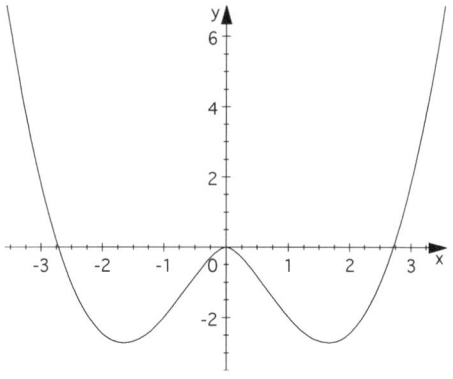

Anmerkung: Da bei der Funktion x nur in geraden Potenzen (in diesem Fall in zweiter Potenz) eingeht, ist die Funktion achsensymmetrisch zur y-Achse. Es hätte also gereicht, die Extremwerte für $x \in \mathbb{R}_+$ zu berechnen und sich dann aufgrund der Achsensymmetrie die entsprechenden Punkte im negativen x-Bereich zu überlegen.

## 3.1.J

a) Für die Ableitung der Funktion ergibt sich:

$$G'(x) = 3x^2 - 12x + 9$$

Setzt man die Ableitung gleich Null, ergibt sich:

$$3x^2 - 12x + 9 = 0 \mid /3$$
$$\Leftrightarrow x^2 - 4x + 3 = 0$$
$$\Leftrightarrow x = 2 \pm \sqrt{4-3}$$
$$\Leftrightarrow x = 2 \pm 1$$
$$\Leftrightarrow x = 3 \ \lor \ x = 1$$

Für die zweite Ableitung der Funktion ergibt sich:

$$G''(x) = 6x - 12$$

Für die beiden Nullstellen der ersten Ableitung ergibt sich:

$$G''(3) = 6*3 - 12 = 6 > 0$$
$$G''(1) = 6*1 - 12 = -6 < 0$$

Bei x = 1 ergibt sich somit ein Hochpunkt, für den Funktionswert dieses Hochpunktes ergibt sich:

$$G(1) = 1^3 - 6*1^2 + 9*1 = 4$$

Das relative Maximum der Funktion ist also der Punkt (1|4).

b) Dem Unternehmen würde man natürlich das globale Maximum empfehlen. Das relative Maximum (1|4) muss also noch mit den Randwerten verglichen werden. Es ergibt sich:

$$G(0) = 0^3 - 6*0^2 + 9*0 = 0$$
$$G(1) = 4$$
$$G(5) = 5^3 - 6*5^2 + 9*5 = 20$$

Das globale Maximum liegt somit bei x = 5. Dem Unternehmen würde man also einen Faktoreinsatz von 5 Mengeneinheiten empfehlen. Der zugehörige Gewinn beträgt 20 Geldeinheiten.

Nachfolgend ist eine Zeichnung der Funktion angeführt.

c) Die Funktion $G^*(x)$ ist eine monotone Transformation der Funktion $G(x)$. Die Exponentialfunktion erreicht ihren höchsten Wert dort, wo ihr Argument am größten ist. Also hat auch $G^*(x)$ das globale Maximum bei $x = 5$. Für den Funktionswert an dieser Stelle gilt:

$$G^*(5) = e^{G(5)}$$
$$= e^{20}$$

Nachfolgend ist die Funktion in einer Grafik dargestellt, hierbei wurde eine logarithmische Darstellung gewählt, ansonsten wäre die Funktion in der Zeichnung kaum darstellbar.

## 3.1.K

**a)** $f(x) = x^2 e^{-\frac{x}{2}} = 0$

$\Leftrightarrow x^2 = 0 \Leftrightarrow x = 0$

Die einzige Nullstelle der Funktion liegt also bei x = 0.

**b)** $f'(x) = 2xe^{-\frac{x}{2}} - \frac{1}{2}x^2 e^{-\frac{x}{2}}$

$= x e^{-\frac{x}{2}}(2 - \frac{1}{2}x)$

$f'(x) = 0$

$\Leftrightarrow x e^{-\frac{x}{2}}(2 - \frac{1}{2}x) = 0$

$\Leftrightarrow x = 0 \ \vee \ 2 - \frac{1}{2}x = 0$

$\Leftrightarrow x = 0 \ \vee \ x = 4$

Überprüfung der ersten Ableitung auf Vorzeichenwechsel (alternativ kann auch die zweite Ableitung bestimmt werden):

$f'(-1) = -1e^{1/2}(2 + \frac{1}{2}) = -\frac{5}{2}e^{1/2} < 0$

$f'(1) = 1e^{-1/2}(2 - \frac{1}{2}) = \frac{3}{2}e^{-1/2} > 0$

$f'(5) = 5e^{-5/2}(2 - \frac{1}{2}*5) = -\frac{5}{2}e^{-5/2} < 0$

Somit hat die Funktion einen Hochpunkt bei x = 4 und einen Tiefpunkt bei x = 0.

$f(4) = 16e^{-2}$

$f(0) = 0$

**c)** Die Funktion ist stetig, es ergeben sich folgende Monotoniebereiche:

$]-\infty, 0]$ monoton fallend

$[0, 4]$ monoton steigend

$[4, \infty]$ monoton fallend

Als Ergänzung ist nachfolgend eine Zeichnung der Funktion angeführt:

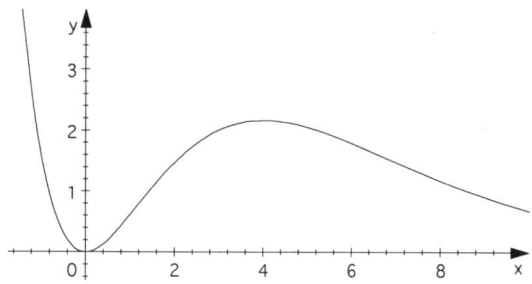

**d)** $\lim\limits_{x \to \infty} x^2 e^{-x/2} = \lim\limits_{x \to \infty} \dfrac{x^2}{e^{x/2}}$

$= \lim\limits_{x \to \infty} \dfrac{2x}{\frac{1}{2}e^{x/2}}$

$= \lim\limits_{x \to \infty} \dfrac{2}{\frac{1}{4}e^{x/2}} = 0$ (es wurde zweimal l'Hospital angewendet)

$\lim\limits_{x \to -\infty} x^2 e^{-x/2}$

Sowohl $x^2$ als auch $e^{-x/2}$ gehen für x gegen $-\infty$ gegen $+\infty$. Daher geht auch der ganze Ausdruck gegen $+\infty$, es existiert kein reeller Grenzwert.

## 3.2 Weitere Aufgaben zur Differentialrechnung

**3.2.A** Gegeben sei $f:(0, \infty) \to \mathbb{R}$ mit $f(x) = \ln(x^3)$.
Geben Sie die Umkehrfunktion $f^{-1}$ (einschließlich Definitionsbereich) an.

**3.2.B** Bestimmen Sie für folgende Funktion die 1. Ableitung:
$$f(x) = \frac{e^{2x} + e^{-x}}{e^x - e^{-2x}}$$

**3.2.C** Gegeben sei die Funktion $f : \mathbb{R} \to \mathbb{R}$, mit
$$f: \begin{cases} \dfrac{x^2 + 5x - 6}{x + 6} & \text{für } x < -6 \\ -7 & \text{für } x = -6 \\ e^{x-1} & \text{für } x > -6 \end{cases}$$
Ist $f$ an der Stelle $x = -6$ stetig?

**3.2.D** Gegeben sei die Funktion $f: \mathbb{R} \to \mathbb{R}$
$$x \to f(x) = \begin{cases} -\ln(-x + a) + b & \text{für } x < 0 \\ ae^{4x} + \dfrac{1}{2} & \text{für } x \geq 0 \end{cases}$$
Bestimmen Sie $a$ und $b$ so, dass $f$ an der Stelle $x = 0$ stetig und differenzierbar ist.

**3.2.E** Gegeben sei die Funktion $f: \mathbb{R} \to \mathbb{R}$
$$f(x) = \begin{cases} \dfrac{2x^3 - 4x^2 + 2x}{x^2 - 2x + 1} & \text{für } x < 1 \\ e^{x-1} + 1 & \text{für } x \geq 1 \end{cases}$$
Untersuchen Sie, ob die Funktion an der Stelle $x = 1$ stetig ist.

**3.2.F** Gegeben sei die Funktion $f: \mathbb{R} \to \mathbb{R}$ mit $f(x) = 2x^3 - 4x - 2$

a) Berechnen und vereinfachen Sie den Differenzenquotienten
$$\frac{\triangle y}{\triangle x} = \frac{f(x_0 + \triangle x) - f(x_0)}{\triangle x}$$

b) Ermitteln Sie über den Grenzwert des Differenzenquotienten den Differentialquotienten von F an der Stelle $x_0$.

**3.2.G** Gegeben seien die Funktionen

$f_i : A \to B,\ a \to f_i(a) = b$  mit

a) $f_1$

|   |       | B     |       |       |       |       |
|---|-------|-------|-------|-------|-------|-------|
|   |       | $b_1$ | $b_2$ | $b_3$ | $b_4$ | $b_5$ |
|   | $a_1$ | ×     |       | ×     |       |       |
|   | $a_2$ |       | ×     |       |       |       |
| A | $a_3$ |       |       |       | ×     |       |
|   | $a_4$ |       |       | ×     |       |       |
|   | $a_5$ |       |       |       |       | ×     |

b) $f_2$

|   |       | B     |       |       |       |       |
|---|-------|-------|-------|-------|-------|-------|
|   |       | $b_1$ | $b_2$ | $b_3$ | $b_4$ | $b_5$ |
|   | $a_1$ |       |       | ×     |       |       |
|   | $a_2$ | ×     |       |       |       |       |
| A | $a_3$ |       |       |       | ×     |       |
|   | $a_4$ |       | ×     |       |       |       |
|   | $a_5$ |       |       |       |       | ×     |

c) $f_3$

|   |       | B     |       |       |       |       |
|---|-------|-------|-------|-------|-------|-------|
|   |       | $b_1$ | $b_2$ | $b_3$ | $b_4$ | $b_5$ |
|   | $a_1$ | ×     |       |       |       |       |
|   | $a_2$ |       | ×     |       |       |       |
| A | $a_3$ |       |       |       | ×     |       |
|   | $a_4$ |       | ×     |       |       |       |
|   | $a_5$ |       |       |       |       | ×     |

d) $f_4$

|   |       | B     |       |       |       |       |
|---|-------|-------|-------|-------|-------|-------|
|   |       | $b_1$ | $b_2$ | $b_3$ | $b_4$ | $b_5$ |
|   | $a_1$ | ×     |       |       |       |       |
|   | $a_2$ |       | ×     |       |       |       |
| A | $a_3$ |       |       | ×     | ×     |       |
|   | $a_4$ |       |       |       |       |       |
|   | $a_5$ |       |       |       |       | ×     |

e) $f_5$

|   |       | B     |       |       |       |
|---|-------|-------|-------|-------|-------|
|   |       | $b_1$ | $b_2$ | $b_3$ | $b_4$ |
|   | $a_1$ | ×     |       |       |       |
|   | $a_2$ |       | ×     |       |       |
| A | $a_3$ |       |       | ×     |       |
|   | $a_4$ |       | ×     |       |       |
|   | $a_5$ | ×     |       |       |       |

Untersuchen Sie jeweils, ob die Funktionen korrekt definiert sind. Untersuchen Sie weiterhin, falls die Funktionen korrekt definiert sind, ob diese surjektiv, bzw. injektiv, bzw. bijektiv sind.

**3.2.H** Gegeben seien die folgenden Funktionen:

(i)     $f_1 : \mathbb{R} \to \mathbb{R}$, $f_1(x) = x^3$

(ii)    $f_2 : \mathbb{R} \to \mathbb{R}$, $f_2(x) = x^2$

(iii)   $f_3 : \mathbb{R} \to \mathbb{R}_0^+$, $f_3(x) = x^2$

(iv)   $f_4 : \mathbb{R}_0^+ \to \mathbb{R}_0^+$, $f_4(x) = x^2$

Hierbei gilt: $\mathbb{R}_0^+ = \{x \in \mathbb{R} \mid x \geq 0\}$

Untersuchen Sie, ob die angegebenen Funktionen

a) surjektiv

b) injektiv

c) bijektiv

sind.

# Lösungsvorschläge zu 3.2

**3.2.A** Die Funktion bildet aus dem $\mathbb{R}^+$ $(0, \infty)$ in den $\mathbb{R}$ ab. Bei der Umkehrfunktion sind einfach Definitions- und Wertebereich vertauscht. Der Definitionsbereich der Umkehrfunktion ist also gerade der Wertebereich der Ursprungsfunktion, also $\mathbb{R}$.

Die Umkehrfunktion erhält man, indem man in der Funktion x und y vertauscht und dann nach y auflöst:

$$x = \ln(y^3) \mid e^{\wedge}$$

$$\Leftrightarrow e^x = y^3 \mid \wedge \tfrac{1}{3}$$

$$\Leftrightarrow y = (e^x)^{\tfrac{1}{3}} = f^{-1}$$

**3.2.B** Nach der Quotientenregel ergibt sich:

$$f'(x) = \frac{(2e^{2x} - e^{-x}) * (e^x - e^{-2x}) - (e^{2x} + e^{-x}) * (e^x + 2e^{-2x})}{(e^x - e^{-2x})^2}$$

Die Klammern im Zähler müssen nun aufgelöst werden. Hierbei ist zu beachten, dass für Exponentialfunktionen gilt: $e^a * e^b = e^{a+b}$

$$= \frac{2e^{3x} - e^0 - 2e^0 + e^{-3x} - e^{3x} - e^0 - 2e^0 - 2e^{-3x}}{(e^x - e^{-2x})^2} = \frac{e^{3x} - e^{-3x} - 6}{(e^x - e^{-2x})^2}$$

**3.2.C** Eine Funktion ist an einer Stelle stetig, wenn der Funktionswert an der Stelle existiert und die Grenzwerte von links und rechts diesem Funktionswert entsprechen:

$$f(a) = \lim_{\substack{x \to a \\ x < a}} f(x) = \lim_{\substack{x \to a \\ x > a}} f(x)$$

Für die gegebene Funktion müssen also f(-6) und die Grenzwerte für x kleiner und x größer Null verglichen werden.

$f(-6) = -7$

$$\lim_{\substack{x \to -6 \\ x < -6}} \frac{x^2 + 5x - 6}{x + 6} = \lim_{\substack{x \to -6 \\ x < -6}} \frac{2x + 5}{1} = -7$$

Nenner und Zähler sind an der zu untersuchenden Stelle beide

Null, so dass l'Hospital angewendet werden konnte.

Der Grenzwert von links und der Funktionswert bei x=-6 sind also identisch. Jetzt muss noch der Grenzwert von rechts bestimmt werden:
$$\lim_{\substack{x \to -6 \\ x > -6}} e^{x-1} = e^{-7} = 0{,}000912$$

Von rechts ergibt sich also ein anderer Grenzwert, und die Funktion ist somit an der Stelle x=-6 nicht stetig.

**3.2.D** Stetig an der Stelle x = 0 ist die Funktion, wenn die folgende Bedingung erfüllt ist:
$$\lim_{x \uparrow 0} f(x) = \lim_{x \downarrow 0} f(x) = f(0)$$

Nachfolgend werden die beiden Grenzwerte gleich gesetzt:
$$\Rightarrow \lim_{x \uparrow 0} (-\ln(-x+a) + b) = \lim_{x \downarrow 0} (ae^{4x} + \frac{1}{2})$$
$$\Leftrightarrow -\ln(a) + b = a + \frac{1}{2}$$

Aufgrund der Definition der Funktion ist zudem $\lim_{x \downarrow 0} f(x) = f(0)$ erfüllt.

Differenzierbar an der Stelle x = 0 ist die Funktion, wenn zusätzlich die folgenden Grenzwerte identisch sind:
$$\lim_{x \uparrow 0} f'(x) = \lim_{x \downarrow 0} f'(x)$$
$$\Rightarrow \lim_{x \uparrow 0} \frac{1}{-x+a} = \lim_{x \downarrow 0} 4ae^{4x}$$
$$\Leftrightarrow \frac{1}{a} = 4a$$
$$\Leftrightarrow a = \frac{1}{2} \vee \left(a = -\frac{1}{2}\right)$$

Da a > 0 gelten soll, ergibt sich nur die erste Lösung. Für b ergibt sich:
$$-\ln(\frac{1}{2}) + b = \frac{1}{2} + \frac{1}{2}$$
$$\Leftrightarrow b = 1 + \ln(\frac{1}{2}) = 1 - \ln(2) = 0{,}307$$

**3.2.E** Für den Grenzwert von links ergibt sich:

$$\lim_{\substack{x \to 1 \\ x < 1}} \frac{2x^3 - 4x^2 + 2x}{x^2 - 2x + 1}$$

$$= \lim_{\substack{x \to 1 \\ x < 1}} \frac{6x^2 - 8x + 2}{2x - 2}$$

$$= \lim_{\substack{x \to 1 \\ x < 1}} \frac{12x - 8}{2} = 2 \quad \text{(es wurde zweimal l'Hospital angewendet)}$$

Der Grenzwert von rechts lautet:

$$\lim_{\substack{x \to 1 \\ x > 1}} e^{x-1} + 1 = 2$$

An der Stelle x = 1 ergibt sich ebenfalls:

f(1) = $e^{1-1} + 1 = 2$

Die Grenzwerte von links und rechts existieren somit und entsprechen dem Wert der Funktion an der Stelle x = 1, somit ist die Funktion an der Stelle x = 1 stetig.

## 3.2.F a)

$$\frac{\Delta y}{\Delta x} = \frac{2(x_0 + \Delta x)^3 - 4(x_0 + \Delta x) - 2 - (2x_0^3 - 4x_0 - 2)}{\Delta x}$$

$$= \frac{2(x_0^3 + 3x_0^2 \Delta x + 3x_0 \Delta x^2 + \Delta x^3) - 4x_0 - 4\Delta x - 2 - 2x_0^3 + 4x_0 + 2}{\Delta x}$$

$$= \frac{2x_0^3 + 6x_0^2 \Delta x + 6x_0 \Delta x^2 + 2\Delta x^3 - 4\Delta x - 2x_0^3}{\Delta x}$$

$$= \frac{6x_0^2 \Delta x + 6x_0 \Delta x^2 + 2\Delta x^3 - 4\Delta x}{\Delta x}$$

$$= 6x_0^2 + 6x_0 \Delta x + 2\Delta x^2 - 4$$

b) $\frac{dy}{dx} = \lim_{\Delta x \to 0} \frac{\Delta y}{\Delta x}$

$$= \lim_{\Delta x \to 0} 6x_0^2 + 6x_0 \Delta x + 2\Delta x^2 - 4$$

$$= 6x_0^2 - 4$$

## 3.2.G

a) $a_1$ werden sowohl $b_1$ als auch $b_3$ zugeordnet, daher ist die Funktion $f_1$ nicht korrekt definiert.

b) Jedem $a_i$ wird genau ein $b_j$ zugeordnet, daher ist die Funktion $f_2$ korrekt definiert. Da $b_3$ sowohl $a_1$ als auch $a_4$ zugeordnet ist, ist die Funktion nicht injektiv. Da $b_1$ in der Wertemenge enthalten ist, aber keinem $a_i$ zugeordnet wird, ist die Funktion nicht surjektiv. Die Funktion ist entsrechend auch nicht bijektiv.

c) Jedem $a_i$ wird genau ein $b_j$ zugeordnet, daher ist die Funktion $f_3$ korrekt definiert. Da jedes $b_j$ einem $a_i$ zugeordnet wird, ist die Funktion surjektiv, da kein $b_j$ mehreren $a_i$ zugeordnet wird, ist die Funktion injektiv. Da die Funktion surjektiv und injektiv ist, ist sie auch bijektiv.

d) Die Funktion $f_4$ ist nicht korrekt definiert. ($a_4$ wird keinem, $a_3$ wird mehreren $b_j$ zugeordnet)

e) Jedem $a_i$ wird genau ein $b_j$ zugeordnet, daher ist die Funktion $f_5$ korrekt definiert. Da jedes $b_j$ (mindestens) einem $a_i$ zugeordnet wird, ist die Funktion surjektiv. Da $b_2$ sowohl $a_2$ als auch $a_5$ zugeordnet ist, ist die Funktion nicht injektiv. Daher kann sie auch nicht bijektiv sein.

## 3.2.H

a) $f_1$, $f_3$ und $f_4$ sind surjektiv, $f_2$ ist es nicht.

Dass $f_2$ nicht surjektiv ist, lässt sich leicht durch ein Beispiel zeigen:

$-1$ ist ein Element der Wertemenge von $f_2$, es gibt aber kein Element der Definitionsmenge, so dass sich als Abbild $-1$ ergibt:

$$x^2 \neq -1 \text{ für alle } x \in \mathbb{R}$$

Bei den anderen Funktionen existiert zu jedem y aus der Wertemenge ein x aus der Definitionsmenge, so dass $f(x) = y$ gilt. Für dies y gilt bei den einzelnen Funktionen:

$f_1$: $x = \sqrt[3]{y}$

$$f_3: x = \pm \sqrt[2]{y}$$
$$f_4: x = \sqrt[2]{y}$$

b) Für die Untersuchung auf Injektivität wird nachfolgend überprüft, ob mehrere x-Werte existieren, die zu dem gleichen y-Wert führen:

(i) $\quad f_1(x_1) = f_1(x_2)$

$\Leftrightarrow x_1^3 = x_2^3 \quad | \sqrt[3]{\phantom{-}}$

$\Leftrightarrow x_1 = x_2$

Somit ist $f_1$ injektiv.

(ii) $\quad f_2(x_1) = f_2(x_2)$

$\Leftrightarrow x_1^2 = x_2^2 \quad | \sqrt[2]{\phantom{-}}$

$\Leftrightarrow x_1 = \pm x_2$

Da bei $f_2$ $x \in \mathbb{R}$ gilt, ist auch die negative Wurzel zu ziehen. Es gibt also im Allgemeinen verschiedene x-Werte, die zu demselben Funktionswert führen, daher ist die Funktion nicht injektiv.

(iii) $f_3$ unterscheidet sich von $f_2$ nur durch den eingeschränkten Wertebereich, auch hier ergibt sich:

$$f_3(x_1) = f_3(x_2) \Leftrightarrow x_1 = \pm x_2$$

Entsprechend ist auch $f_3$ nicht injektiv.

(iv) Bei $f_4$ ist auch die Definitionsmenge auf $\mathbb{R}_0^+$ eingeschränkt, daher können sich bei $f_4$ keine negativen Lösungen für x ergeben, entsprechend ergibt sich:

$f_4(x_1) = f_4(x_2)$

$\Leftrightarrow x_1^2 = x_2^2 \quad | \sqrt[2]{\phantom{-}}$

$\Leftrightarrow x_1 = x_2$

Somit ist $f_4$ injektiv.

c) Bijektiv sind die Funktionen $f_1$ und $f_4$, denn diese sind sowohl surjektiv als auch injektiv. $f_2$ und $f_3$ sind nicht bijektiv.

# 4 Integralrechnung

**4.A** Berechnen Sie das Integral $\int_1^3 \left(x^{-1} + \ln(x) + e^{3x}\right) dx$.

**4.B** Berechnen Sie $\int_1^2 (x^3 - 2 + \frac{1}{x^2} - \frac{1}{x} + e^{-2x}) \, dx$.

**4.C** Berechnen Sie das folgende Integral mit der Substitutionsregel:
$\int_1^2 \frac{12x^3}{3x^4 - 2} \, dx$.

**4.D** Gegeben sei die Funktion $F: \mathbb{R} \to \mathbb{R}$; $x \to F(x) = \int_a^x e^{2z+1} dz$

a) Lösen Sie das Integral und bestimmen Sie $a \in \mathbb{R}$ so, dass $F(2) = 4$ gilt.
b) Berechnen Sie $F'(2)$.

**4.E** Geben Sie eine Stammfunktion an und berechnen Sie:
$\int_1^2 (\frac{1}{x} - \frac{1}{x^3} + \sqrt[3]{x} - 3^x + \ln x) \, dx$.

**4.F** Gegeben ist die Funktion $f: \mathbb{R}^+ \to \mathbb{R}$ mit $f(x) = \frac{\ln(x)}{x}$

a) Bestimmen Sie $f'(x)$!
b) Bestimmen Sie $F(x) = \int f(x) \, dx$ !

**4.G** Gegeben ist die Funktion $f: x \to x * \sqrt{1 + x^2}$

a) Bestimmen Sie $f'(x)$.
b) Bestimmen Sie $F(x) = \int f(x) \, dx$.

**4.H** Berechnen Sie das Integral
$\int_2^3 (\cos(x) - \frac{1}{x} + \frac{1}{\sqrt[3]{x^5}} - e^{-x}) \, dx$.

**4.I** Berechnen Sie das Integral
$\int_1^2 (\sin(x) + e^{2x} - x^{-3} + \frac{1}{x}) \, dx$.

**4.J** Bestimmen Sie $\lim\limits_{b \to \infty} \int_1^b \frac{x-2}{x^3} \, dx$.

**4.K** Berechnen Sie das folgende Integral:

$$\int_{-4}^{4}(ax^3-bx)\,dx$$

**4.L** Berechnen Sie mittels partieller Integration

$$\int_{1}^{2}x^7\ln x\,dx$$

**4.M** Gegeben sei die Funktion f: $\mathbb{R} \supset D \to \mathbb{R}$; $x \to f(x) = e^{(x+\frac{1}{x})}$
a) Geben Sie die maximale Definitionsmenge D an.
b) Bestimmen Sie f'(x).
c) Berechnen Sie $\int_{1}^{2} f'(x)\,dx$

**4.N** Bestimmen Sie folgendes Integral:

$$\int_{0}^{\Pi} x^2 * \sin(x)\,dx$$

**4.O** Bestimmen Sie folgendes Integral:

$$\int_{-\infty}^{-3} \frac{1}{(x+2)^2}\,dx$$

**4.P** Gegeben sei die Grenzkostenfunktion

$$K'(x) = \frac{2x}{\sqrt[3]{25+3x^2}}$$

a) Bestimmen Sie alle zugehörigen Kostenfunktionen.
b) Für welche spezielle dieser Kostenfunktionen gilt K(5) = 20 und wie groß ist in diesem Fall der Fixkostenanteil? (Rechnung!)

**4.Q** Bestimmen Sie $a \in \mathbb{R}$ so, dass gilt

$$\int_{1}^{2} \frac{a}{x} e^{a*\ln(x)}\,dx = 3$$

**4.R** Zeigen Sie mit Hilfe der partiellen Integration, dass die Funktion

$$G(p) = \int_{0}^{\infty} x^{p-2} * e^{-x}\,dx$$

die Eigenschaft G(p+1) = (p-1)*G(p) besitzt.

# Lösungsvorschläge zu 4:

**4.A** $\int_{1}^{3}(x^{-1} + \ln(x) + e^{3x}) \, dx = \left[\ln x + (x * \ln x - x) + \frac{1}{3} e^{3x}\right]_{1}^{3}$

Nun müssen die Integrationsgrenzen in die Stammfunktion eingesetzt werden, wobei zunächst die obere Grenze eingesetzt wird und dann die Werte mit der unteren Grenze eingesetzt und abgezogen werden.

$= \ln 3 + 3 * \ln 3 - 3 + \frac{1}{3} e^{3*3} - (\ln 1 + 1 * \ln 1 - 1 + \frac{1}{3} e^{3*1})$

$= 4 * \ln 3 - 3 + 2701{,}03 - 0 - 0 + 1 - 6{,}7 = 2696{,}72$

**4.B** $\int_{1}^{2}(x^3 - 2 + \frac{1}{x^2} - \frac{1}{x} + e^{-2x}) \, dx.$

$= \left[\frac{1}{4} x^4 - 2x - x^{-1} - \ln x - \frac{1}{2} e^{-2x}\right]_{1}^{2} = -1{,}2 - (-2{,}82) = 1{,}62$

**4.C** Der Zähler stellt die Ableitung des Nenners dar. Somit wird am besten der Nenner substituiert:

$y = 3x^4 - 2$

Wenn die Variable x durch die Variable y substituiert wird, muss auch das dx durch ein dy ersetzt werden. Hierzu wird eine Beziehung zwischen dx und dy benötigt. Diese erhält man, indem die Ersetzungsvorschrift nach x abgeleitet wird:

$f(x) = y = 3x^4 - 2 \Rightarrow f'(x) = \frac{dy}{dx} = 12x^3$

dx kann nun durch dy ausgedrückt werden:

$\frac{dy}{dx} = 12x^3 \Leftrightarrow dx = \frac{dy}{12x^3}$

Jetzt kann der Nenner durch y und dx durch $\frac{dy}{12x^3}$ ersetzt werden:

$\frac{12x^3}{y} * \frac{dy}{12x^3} = \frac{1}{y} \, dy$

Die verbliebenen x haben sich herausgekürzt. (Dies liegt daran, dass y so gewählt wurde, dass die Ableitung von y nach x dem Zähler entsprach.) Für das unbestimmte Integral gilt entsprechend der vorherigen Betrachtung:

$\int \frac{12x^3}{3x^4 - 2} \, dx = \int \frac{1}{y} \, dy = \ln|y|$

Das c wurde hier weggelassen, weil am Ende ein bestimmtes Integral berechnet werden soll. Nun muss die Substitution wieder rückgängig gemacht werden (stattdessen hätte man auch die Grenzen substituieren können):

$$\ln|y| = \ln|3x^4-2|$$

Als Letztes wird das gesuchte bestimmte Integral berechnet, hierzu werden die Grenzen in die gefundene Stammfunktion eingesetzt:

$$\int_1^2 \frac{12x^3}{3x^4-2} dx = [\ln|3x^4-2|]_1^2 = \ln(46) - \ln(1) = 3{,}829$$

**4.D** a) $F(x) = \int_a^x e^{2z+1} dz = \left[ \frac{1}{2} * e^{2z+1} \right]_a^x$

$= \frac{1}{2} * e^{2x+1} - \frac{1}{2} * e^{2a+1}$

Nun soll a so bestimmt werden, dass F(2)=4 ist, also muss sich, wenn oben für x 2 eingesetzt wird, als Ergebnis 4 ergeben:

$$4 = \frac{1}{2} * e^{2*2+1} - \frac{1}{2} * e^{2a+1}$$

diese Gleichung muss nun nach a aufgelöst werden

$\Leftrightarrow 4 - \frac{1}{2} * e^5 = -\frac{1}{2} * e^{2a+1} \Leftrightarrow -8 + e^5 = e^{2a+1} \;|\; \ln$

$\Leftrightarrow \ln(e^5 - 8) = 2a+1 \Leftrightarrow \frac{\ln(e^5-8)-1}{2} = a \Leftrightarrow a = 1{,}97$

b) Zunächst muss F' bestimmt werden. Beim Ableiten von F(x) fällt der hintere Term weg, da er nicht von x abhängig ist. Es bleibt übrig:

$$F'(x) = e^{2x+1} \Rightarrow F'(2) = e^{2*2+1} = 148{,}41$$

**4.E** $\int_1^2 (\frac{1}{x} - \frac{1}{x^3} + \sqrt[3]{x} - 3^x + \ln(x))\, dx$ ist zu integrieren.

Die Stammfunktion wird beim Integrieren ja sowieso ermittelt. Eine Schwierigkeit, die bei den vorherigen Aufgaben noch nicht auftauchte, ist die Integration von $3^x$. Durch Einfügen der Exponential- und der Logarithmusfunktion lässt sich diese Aufgabe aber relativ leicht lösen.

$3^x = e^{\ln(3^x)}$

(Da sich Funktion ($e^x$) und Umkehrfunktion ($\ln x$) gegenseitig aufheben, ist dies gestattet)

$= e^{x*\ln 3}$

Dies ergibt sich aus den Rechenregeln für Logarithmen.

Insgesamt ergibt sich für das Integral:

$$\int_1^2 (\tfrac{1}{x} - \tfrac{1}{x^3} + \sqrt[3]{x} - 3^x + \ln x)\, dx$$

$$= \int_1^2 (\tfrac{1}{x} - x^{-3} + x^{\tfrac{1}{3}} - e^{x*\ln 3} + \ln x)\, dx$$

$$= \left[\ln x + \tfrac{1}{2} x^{-2} + \tfrac{3}{4} x^{\tfrac{4}{3}} - \tfrac{1}{\ln 3} e^{\ln 3 * x} + x\ln x - x\right]_1^2$$

$$= -6{,}09 - (-2{,}48) = -3{,}61$$

Die Stammfunktion lautet:

$\ln x + \tfrac{1}{2} x^{-2} + \tfrac{3}{4} x^{\tfrac{4}{3}} - \tfrac{1}{\ln 3} e^{\ln 3 * x} + x\ln x - x + c$ \qquad mit $c \in \mathbb{R}$

**4.F** Gegeben ist die Funktion $f: \mathbb{R}^+ \to \mathbb{R}$ mit $f(x) = \dfrac{\ln(x)}{x}$

a) $f(x) = \ln(x) * x^{-1}$

Produktregel: $f'(x) = x^{-1} * x^{-1} - \ln(x) * x^{-2}$

$\qquad\qquad\quad = (1 - \ln(x)) * x^{-2}$

b) $F(x) = \int f(x)\, dx$ ist die Stammfunktion von $f(x)$

Man kann die Stammfunktion hier entweder erraten oder mittels Substitution oder partieller Integration ermitteln. Nachfolgend wird die Aufgabe mittels Substitution gelöst:

$$F(x) = \int \dfrac{\ln(x)}{x}\, dx$$

$\ln(x) = y$ (Substitution)

Nun wird x ermittelt (es wird also die Umkehrfunktion gebildet). Durch diese Auflösung kann x in dem Integral ersetzt werden. Bei dieser Aufgabe wäre dieser Schritt aber nicht nötig, denn das x würde sich beim Ersetzen herauskürzen. Daher hätte diese Aufgabe auch so gelöst werden können wie die anderen Aufgaben zur Substitution in dieser Aufgabensammlung. Allerdings gibt es auch

Substitutionsaufgaben, bei denen nach der Variablen (x) aufgelöst werden muss, weil sie sich nicht herauskürzt. Daher wird hier das entsprechende Verfahren beschrieben:

$$\ln(x) = y \mid e\hat{\ } \Leftrightarrow x = e^y$$

weiter gilt:

$$\frac{dx}{dy} = e^y \Leftrightarrow dx = e^y * dy$$

Nun werden die Ausdrücke in dem Integral ersetzt:

$$F(y) = \int \frac{y}{e^y} e^y * dy = \int y \, dy = 0{,}5y^2 + c$$

(wobei c eine beliebige Konstante ist)

Bei dem Ergebnis muss nun wieder y durch x ersetzt werden:

$$F(x) = 0{,}5(\ln(x))^2 + c$$

**4.G a)** $f(x) = x * (1 + x^2)^{0,5}$

$f'(x) = (1 + x^2)^{0,5} + x * 2x * 0{,}5 * (1 + x^2)^{-0,5}$

$$= \frac{(1 + x^2)}{\sqrt{1 + x^2}} + \frac{x^2}{\sqrt{1 + x^2}} = \frac{1 + 2x^2}{\sqrt{1 + x^2}}$$

**b)** $F(x) = \int x * \sqrt{1+x^2} \, dx$.

Die Aufgabe wird mittels Substitution gelöst:

$y = 1 + x^2$

$$\frac{dy}{dx} = 2x \Leftrightarrow \frac{1}{2x} dy = dx$$

Somit ergibt sich:

$$x * \sqrt{1+x^2} \, dx = x * \sqrt{y} * \frac{1}{2x} dy = \frac{1}{2} \sqrt{y} \, dy$$

Alle x haben sich herausgekürzt, daher kann jetzt das Integral gelöst werden:

$$\int x * \sqrt{1+x^2} \, dx = \int \frac{1}{2} \sqrt{y} \, dy = \int \frac{1}{2} y^{1/2} \, dy$$

$$= \frac{1}{2} \frac{2}{3} y^{3/2} + c = \frac{1}{3} y^{3/2} + c$$

Bei dem Ergebnis muss nun wieder y durch x ersetzt werden:

$$= \frac{1}{3}(1 + x^2)^{3/2} + c = \frac{1}{3}(\sqrt{1+x^2})^3 + c$$

**4.H** $\int_2^3 (\cos(x) - \frac{1}{x} + \frac{1}{\sqrt[3]{x^5}} - e^{-x})\,dx$

$= \int_2^3 (\cos(x) - \frac{1}{x} + x^{-\frac{5}{3}} - e^{-x})\,dx$

$= \left[ \sin(x) - \ln(x) - \frac{3}{2}x^{-\frac{2}{3}} + e^{-x} \right]_2^3$

$= \sin 3 - \ln 3 - \frac{3}{2} 3^{-\frac{2}{3}} + e^{-3} - (\sin 2 - \ln 2 - \frac{3}{2} 2^{-\frac{2}{3}} + e^{-2})$

$= 0.141 - 1.099 - 0.721 + 0.05 - 0.909 + 0.693 + 0.945 - 0.135$

$= -1.035$

**4.I** $\int_1^2 (\sin(x) + e^{2x} - x^{-3} + \frac{1}{x})\,dx$

$= \left[ -\cos(x) + 0.5e^{2x} + \frac{1}{2}x^{-2} + \ln(x) \right]_1^2$

$= -\cos 2 + 0.5e^{2*2} + \frac{1}{2}2^{-2} + \ln 2 - (-\cos 1 + 0.5e^{2*1} + \frac{1}{2}1^{-2} + \ln 1)$

$= 0.416 + 27.299 + 0.125 + 0.693 + 0.54 - 3.695 - 0.5 - 0 = 24.88$

**4.J** Zunächst muss das Integral gelöst werden. Aus dem Bruch lassen sich zwei einzelne Brüche machen:

$\lim_{b \to \infty} \int_1^b \frac{x-2}{x^3}\,dx = \lim_{b \to \infty} \int_1^b \frac{1}{x^2} - \frac{2}{x^3}\,dx$

$= \lim_{b \to \infty} \left[ -x^{-1} + x^{-2} \right]_1^b = \lim_{b \to \infty} (-b^{-1} + b^{-2} - (-1+1)) = 0$

**4.K** $\int_{-4}^4 (ax^3 - bx)\,dx = \left[ \frac{1}{4}ax^4 - \frac{1}{2}bx^2 \right]_{-4}^4$

$= \frac{1}{4}a*4^4 - \frac{1}{2}b*4^2 - (\frac{1}{4}a*(-4)^4 - \frac{1}{2}b*(-4)^2) = 0$

Anmerkung: Da die Funktion nur ungeradzahlige x-Potenzen enthält, handelt es sich um eine zum Ursprung punktsymmetrische Funktion. Werden derartige Funktionen über ein Intervall integriert, dessen Mitte der Ursprung ist, so ergibt sich immer ein Ergebnis von Null.

**4.L** Für die partielle Integration gilt folgende Regel:

$$\int g(x)*f'(x) = \int (g(x)*f(x))' - \int g'(x)*f(x)$$

In diesem Fall wird $x^7 = f'$ und $\ln x = g$ gewählt. Somit ergibt sich:

$$f = \frac{1}{8}x^8 \qquad g' = \frac{1}{x}$$

Es folgt:
$$\int x^7 \ln x\, dx = \frac{1}{8}x^8 * \ln x - \int \frac{1}{8}x^8 \frac{1}{x}\, dx$$
$$= \frac{1}{8}x^8 * \ln x - \int \frac{1}{8}x^7\, dx$$
$$= \frac{1}{8}x^8 * \ln x - \frac{1}{8}\frac{1}{8}x^8$$

Die Grenzen können nun in die Stammfunktion eingesetzt werden:

$$\int_1^2 x^7 \ln x\, dx = \left[\frac{1}{8}x^8 * \ln x - \frac{1}{64}x^8\right]_1^2 = 32\ln 2 - 2 - (-\frac{1}{64}) = 18{,}2$$

**4.M** a) Die Definitionsmenge gibt an, welche Werte für x eingesetzt werden dürfen. Bei der vorliegenden Funktion sind für x alle Werte aus $\mathbb{R}$ außer 0 erlaubt. Bei x=0 würde im Exponenten durch Null geteilt werden, was aber nicht erlaubt ist. Also ergibt sich: $\mathbb{D} = \mathbb{R} \setminus 0$

b) Die Ableitung lässt sich mittels der Kettenregel relativ einfach bestimmen, es ergibt sich:
$$f'(x) = (1-x^{-2}) * e^{(x+\frac{1}{x})}$$

c) $\int_1^2 f'(x)\, dx = \left[e^{x+\frac{1}{x}}\right]_1^2 = e^{2+0{,}5} - e^{1+1} = 4{,}79$

Die Integration ist hierbei recht einfach, denn die Stammfunktion von f'(x) ist ja gerade f(x).

**4.N** Das Integral muss mit partieller Integration gelöst werden. Nachfolgend wird zunächst die Stammfunktion bestimmt, das heißt, es wird das Integral ohne Grenzen berechnet. Die Grenzen werden dann in die Stammfunktion eingesetzt. Für die partielle Integration gilt folgende Formel:

$$\int f'g = fg - \int fg'$$

In diesem Fall ist es sinnvoll, den Term $x^2$ mit g(x) zu identifizieren. In dem rechten Integral steht dann die Ableitung von g(x).

Wenn man diesen Schritt dann nochmal wiederholt, ergibt sich ein Integral, das man lösen kann:

$$\int \underset{g(x)}{x^2} * \underset{f'(x)}{\sin(x)} dx$$

$\Rightarrow g'(x) = 2x \quad f(x) = -\cos(x)$

Somit ergibt sich mittels der angeführten Regel:

$$\int x^2 * \sin(x) dx = -\cos(x) * x^2 - \int -\cos(x) * 2x \, dx$$

Nun wird dieselbe Regel nochmal angewendet:

$$-\cos(x) * x^2 - \int \underset{f'(x)}{-\cos(x)} * \underset{g(x)}{2x} \, dx \quad \Rightarrow g'(x) = 2 \quad f(x) = -\sin(x)$$

Somit ergibt sich:

$= -\cos(x) * x^2 - (-\sin(x)*2x - \int -\sin(x)*2 \, dx \,)$

$= -\cos(x) * x^2 - (-\sin(x)*2x - 2\cos(x)\,)$

$= -\cos(x) * x^2 + \sin(x)*2x + 2\cos(x)$

Nun müssen noch die Grenzen in die gefundene Stammfunktion eingesetzt werden:

$$\int_0^\Pi x^2 * \sin(x) dx = [-\cos(x) * x^2 + \sin(x)*2x + 2\cos(x)]_0^\Pi$$

$= -\cos(\Pi)*\Pi^2 + \sin(\Pi)*2\Pi + 2\cos(\Pi)$

$\qquad - [-\cos(0)*0^2 + \sin(0)*2*0 + 2\cos(0)]$

$= -(-1)*\Pi^2 + 0*2\Pi + 2*(-1) - [\,2*1\,] = \Pi^2 - 4$

**4.O** Es handelt sich um ein uneigentliches Integral, denn die eine Grenze ist unendlich. Man ersetzt hier die untere Grenze durch eine Konstante (nachfolgend a gennant) und berechnet den Grenzwert gegen unendlich:

$$\int_{-\infty}^{-3} \frac{1}{(x+2)^2} dx = \lim_{a \to -\infty} \int_a^{-3} \frac{1}{(x+2)^2} dx = \lim_{a \to -\infty} \int_a^{-3} (x+2)^{-2} dx$$

$$= \lim_{a \to -\infty} [-(x+2)^{-1}]_a^{-3} = \lim_{a \to -\infty} (-(-3+2)^{-1} - (-(a+2)^{-1})$$

$= 1 - 0 = 1$

**4.P a)** $K(x) = \int \dfrac{2x}{\sqrt[3]{25+3x^2}}\, dx$

Substitution: $y = 25 + 3x^2$

$\Rightarrow \dfrac{1}{6x}\, dy = dx$

Einsetzen ergibt:

$\dfrac{2x}{\sqrt[3]{25+3x^2}}\, dx = \dfrac{2x}{\sqrt[3]{y}} \cdot \dfrac{1}{6x}\, dy$

$= \dfrac{1}{\sqrt[3]{y}} \cdot \dfrac{1}{3}\, dy = \dfrac{1}{3} y^{-\frac{1}{3}}\, dy$

In dem Ausdruck taucht kein x mehr auf, daher kann nun das Integral bestimmt werden:

$\int \dfrac{1}{3} y^{-\frac{1}{3}}\, dy = \dfrac{1}{2} y^{\frac{2}{3}} + c = \dfrac{1}{2}(25+3x^2)^{\frac{2}{3}} + c$

**b)** $K(5) = 20$

$\Leftrightarrow \dfrac{1}{2}(25 + 3*5^2)^{\frac{2}{3}} + c = 20$

$\Leftrightarrow \dfrac{1}{2}(100)^{\frac{2}{3}} + c = 20$

$\Leftrightarrow c = 9{,}228$

$K(x) = \dfrac{1}{2}(25+3x^2)^{\frac{2}{3}} + 9{,}228$

$K(0) = \dfrac{1}{2}(25+3*0^2)^{\frac{2}{3}} + 9{,}228 = 13{,}503$

**4.Q** $\int_1^2 \dfrac{a}{x} e^{a*\ln(x)}\, dx$

$= \int_1^2 \dfrac{a}{x} e^{\ln(x^a)}\, dx$

$= \int_1^2 \dfrac{a}{x} x^a\, dx$

Nun kann x gekürzt werden:

$$= \int_1^2 a*x^{a-1}\, dx$$

$$= [x^a]_1^2 = 2^a - 1^a = 2^a - 1$$

Somit ergibt sich für die angeführte Bedingung:

$$\int_1^2 \frac{a}{x} e^{a*\ln(x)}\, dx = 3$$

$$\Leftrightarrow 2^a - 1 = 3$$

$$\Leftrightarrow 2^a = 4$$

$$\Leftrightarrow a = 2$$

**4.R** Um diesen Beweis zu führen, nimmt man sich am besten G(p+1) und integriert partiell:

$$G(p+1) = \int_0^\infty x^{p+1-2} * e^{-x}\, dx = \int_0^\infty x^{p-1} * e^{-x}\, dx$$

Bei der partiellen Integration muss nun dafür gesorgt werden, dass $x^{p-1}$ abgeleitet wird, denn dadurch entsteht ein Term mit $x^{p-2}$, wie er bei G(p) auftritt. Daher wählt man:

$$g(x) = x^{p-1} \qquad f'(x) = e^{-x}$$

$$\Rightarrow g'(x) = (p-1)x^{p-2} \qquad f(x) = -e^{-x}$$

Es gilt: $\int g(x)*f'(x)dx = g(x)*f(x) - \int g'(x)*f(x)dx$

Eingesetzt ergibt sich für das unbestimmte Integral:

$$\int x^{p-1} * e^{-x}\, dx = x^{p-1}*(-e^{-x}) - \int (1-p)*x^{p-2}*(-e^{-x})\, dx$$

$$= x^{p-1}*(-e^{-x}) + (1-p) * \int x^{p-2}*e^{-x}\, dx$$

Für das bestimmte Integral (mit Grenzen) ergibt sich:

$$\int_0^\infty x^{p-1}*e^{-x}\, dx = [x^{p-1}*(-e^{-x})]_0^\infty + (1-p)*\int_0^\infty x^{p-2}*e^{-x}\, dx$$

$$= [x^{p-1}*(-e^{-x})]_0^\infty + (1-p)*G(p)$$

Nun muss der Ausdruck $[x^{p-1} * (-e^{-x})]_0^\infty$ näher untersucht werden:

$$[x^{p-1} * (-e^{-x})]_0^\infty = \infty^{p-1} * (-e^{-\infty}) - 0^{p-1} * (-e^{-0}) = -\infty^{p-1} * e^{-\infty}$$

Hier ist ein Grenzwert zu bestimmen. Da die e-Funktion schneller gegen Null geht, als jede beliebige Potenzfunktion wächst, ist dieser Ausdruck Null. (Wenn man auf den Grenzwert die Regel von l' Hospital anwendet, wird der Zähler nach (p-1) Ableitungen zu einer Konstanten, während im Nenner immer $e^x$ stehen bleibt):

$$\lim_{x \to \infty} -x^{p-1} * e^{-x} = \lim_{x \to \infty} \frac{-x^{p-1}}{e^x} = 0$$

Insgesamt gilt also:

$$\int_0^\infty x^{p-1} * e^{-x} \, dx = 0 + (1-p) * G(p)$$

$$\Leftrightarrow G(p+1) = (1-p) * G(p) \qquad \text{q.e.d.}$$

# 5 Differentialrechnung mehrerer Veränderlicher

## 5.1 Grundlagen zu Funktionen mehrerer Veränderlicher

**5.1.A** Ein Unternehmen fertige das Produkt Y gemäß der Produktionsfunktion $y(r_1, r_2) = r_1 * r_2^2$. Untersuchen Sie, ob die Funktion $y(r_1, r_2)$ homogen vom Grade c ist, $c \in \mathbb{R}$. Bestimmen Sie ggf. den Homogenitätsgrad c.

**5.1.B** Untersuchen Sie, ob die folgenden Funktionen homogen vom Grade c sind, $c \in \mathbb{R}$. Bestimmen Sie ggf. den Homogenitätsgrad c.

a) $f(x, y) = 3x^2 y^{0,5}$

b) $f(x, y, z) = xyz + x + y + 5z$

**5.1.C** Bestimmen Sie den maximal zulässigen Definitionsbereich der Funktion f mit:

$f(x, y, z) = \frac{x}{z} - \ln(x^2 * y)$

## Lösungsvorschläge zu 5.1:

**5.1.A**     $y(\lambda r_1, \lambda r_2)$

$= \lambda r_1 * (\lambda r_2)^2$

$= \lambda r_1 * \lambda^2 r_2^2$

$= \lambda^3 r_1 * r_2^2$

$= \lambda^3 y(r_1, r_2)$

Somit ist die Funktion homogen vom Grad 3.

**5.1.B a)** $f(\lambda x, \lambda y) = 3(\lambda x)^2(\lambda y)^{0,5}$

$= 3\lambda^2 x^2 \lambda^{0,5} y^{0,5}$

$= \lambda^{2,5} * 3x^2 y^{0,5}$

$= \lambda^{2,5} * f(x, y)$

Die Funktion ist somit homogen vom Grad 2,5.

**b)** $f(\lambda x, \lambda y, \lambda z) = \lambda x \lambda y \lambda z + \lambda x + \lambda y + 5\lambda z$

$= \lambda^3 xyz + \lambda(x + y + 5z)$

$= \lambda(\lambda^2 xyz + x + y + 5z)$

Die Funktion ist nicht homogen, denn es ist nicht möglich eine bestimmte Potenz von $\lambda$ so auszuklammern, dass sich die Ausgangsfunktion ergibt. (In der Klammer steht noch ein $\lambda^2$, dieses steht nicht in der Ausgangsfunktion.)

**5.1.C** Es müssen die Werte bestimmt werden, bei denen die Funktion nicht definiert ist. Dies ist einerseits für z = 0 der Fall, zudem ist der ln nicht definiert, wenn sein Argument kleiner oder gleich Null ist:

$x^2 * y = 0 < 0 \Leftrightarrow y < 0$

$x^2 * y = 0 \Leftrightarrow x^2 = 0 \lor y = 0$

$\Leftrightarrow x = 0 \lor y = 0$

Insgesamt ist die Funktion also nicht definiert, falls z = 0, x = 0 oder y $\leq$ 0 gilt. Die maximale Definitionsmenge lautet somit:

$\mathbb{D} = \{(x, y, z) \in \mathbb{R}^3 \mid x \neq 0 \land y > 0 \land z \neq 0\}$

## 5.2 Partielle Ableitungen

**5.2.A** Bestimmen Sie grad(f(x, y, z)) für die Funktion

$$f(x, y, z) = \frac{\sin x}{\cos y} + z * e^{(x^2 + z^2)}.$$

**5.2.B** Bestimmen Sie grad(f($\vec{x}$)) für die Funktion f: $\mathbb{R}^3 \to \mathbb{R}$ mit

$$f(\vec{x}) = x_1^2 \sin(x_2^2) + \ln(\sqrt{x_3}) - \frac{1}{x_1 x_2 x_3}$$

**5.2.C** Bestimmen Sie grad(f($\vec{x}$)) für

$$f(\vec{x}) = x\sqrt{y - z^2} + y^2 \ln(z) - e^{xy} \quad \text{mit } (\vec{x}) = \begin{pmatrix} x \\ y \\ z \end{pmatrix}$$

**5.2.D** Bestimmen Sie grad f(x) für die Funktion f: $\mathbb{R}_+^3 \to \mathbb{R}$ mit

$$f(\mathbf{x}) = x_1 \ln(x_2^2 + x_3) - \sqrt{(x_1 + x_2 + x_2)^3}, \quad \mathbf{x} = (x_1, x_2, x_3)$$

**5.2.E** Bestimmen Sie den Gradienten der folgenden Funktion:

$$f(x, y, z) = \ln(x^2 * y) + x * e^{x + z} - (yz)^{-2}$$

## Lösungsvorschläge zu 5.2:

**5.2.A** Der Gradient einer Funktion ist der Vektor der partiellen Ableitungen. Er ist an sich als Zeilenvektor definiert. Der besseren Übersicht wegen wurde er nachfolgend als Spaltenvektor geschrieben.

$$\text{grad}(f(x, y, z)) = \begin{pmatrix} \dfrac{\cos x}{\cos y} + 2x*z*e^{(x^2 + z^2)} \\ \dfrac{0*\cos y - \sin x*(-\sin y)}{(\cos y)^2} \\ e^{(x^2 + z^2)} + 2z*z*e^{(x^2 + z^2)} \end{pmatrix}^T \quad \begin{array}{l} \\ \text{Quotientenregel} \\ \\ \text{Produktregel} \end{array}$$

$$= \begin{pmatrix} \dfrac{\cos x}{\cos y} + 2x*z*e^{(x^2 + z^2)} \\ \dfrac{\sin x * \sin y}{(\cos y)^2} \\ (1 + 2z^2)*e^{(x^2 + z^2)} \end{pmatrix}^T$$

**5.2.B** Mittels einiger Umformungen können die partiellen Ableitungen erleichtert werden:

$f(\vec{x}) = x_1^2 \sin(x_2^2) + \ln(x_3^{0,5}) - (x_1 x_2 x_3)^{-1}$
$= x_1^2 \sin(x_2^2) + 0{,}5*\ln(x_3) - x_1^{-1} x_2^{-1} x_3^{-1}$

Für die Ableitungen ergibt sich nun:

$$\text{grad}(f(\vec{x})) = \begin{pmatrix} 2x_1 \sin(x_2^2) - (-x_1^{-2} x_2^{-1} x_3^{-1}) \\ x_1^2 \cos(x_2^2) \, 2x_2 - (-x_1^{-1} x_2^{-2} x_3^{-1}) \\ \dfrac{0{,}5}{x_3} - (-x_1^{-1} x_2^{-1} x_3^{-2}) \end{pmatrix}$$

$$= \begin{pmatrix} 2x_1 \sin(x_2^2) + x_1^{-2} x_2^{-1} x_3^{-1} \\ 2x_1^2 x_2 \cos(x_2^2) + x_1^{-1} x_2^{-2} x_3^{-1} \\ \dfrac{0{,}5}{x_3} + x_1^{-1} x_2^{-1} x_3^{-2} \end{pmatrix}$$

**5.2.C** Der Gradient einer Funktion ist der Vektor der partiellen Ableitungen.

Die Funktion lautet: $f(\vec{x}) = x(y - z^2)^{0,5} + y^2 \ln(z) - e^{xy}$

$$\text{grad}(f(x, y, z)) = \begin{pmatrix} (y - z^2)^{0,5} - y e^{xy} \\ 0,5x(y - z^2)^{-0,5} + 2y\ln(z) - xe^{xy} \\ 0,5x(y - z^2)^{-0,5} * (-2z) + y^2 z^{-1} \end{pmatrix}^T$$

$$= \begin{pmatrix} (y - z^2)^{0,5} - y e^{xy} \\ 0,5x(y - z^2)^{-0,5} + 2y\ln(z) - xe^{xy} \\ -xz(y - z^2)^{-0,5} + y^2 z^{-1} \end{pmatrix}^T$$

**5.2.D**

$$\text{grad } f(\mathbf{r}) = \begin{pmatrix} \ln(x_2^2 + x_3) - 1,5 * (x_1 + x_2 + x_2)^{0,5} \\ \dfrac{2x_1 x_2}{x_2^2 + x_3} - 1,5 * (x_1 + x_2 + x_2)^{0,5} \\ \dfrac{x_1}{x_2^2 + x_3} - 1,5 * (x_1 + x_2 + x_2)^{0,5} \end{pmatrix}^T$$

**5.2.E** Zunächst wird die Funktion umgeformt:

$f(x, y, z) = \ln(x^2 * y) + x * e^{x + z} - (yz)^{-2}$

$= 2\ln(x) + \ln(y) + x * e^{x + z} - y^{-2} z^{-2}$

$\Rightarrow$

$$\text{grad } f = \begin{pmatrix} \dfrac{2}{x} + (1 + x) * e^{x + z} \\ \dfrac{1}{y} + 2y^{-3} z^{-2} \\ x * e^{x + z} + 2y^{-2} z^{-3} \end{pmatrix}^T$$

## 5.3 Extremwerte von Funktionen mit mehreren Variablen

**5.3.A** Bestimmen und klassifizieren Sie die Extrema der Funktion

$f(x, y) = \frac{1}{3}x^3 - x^2 + y^3 - 12y$.

**5.3.B** Ein Produzent bietet zwei Güter an. Zwischen den Absatzvariablen $x_1$, $x_2$ und den Preisvariablen $p_1$, $p_2$ gelten die Beziehungen:

$x_1 = 50 - p_1 - 0{,}5p_2$,    $x_2 = 60 - 0{,}5p_1 - 1{,}5p_2$

Die Kosten sind gegeben durch:

$c_1(x_1) = 60 + 0{,}5x_1$,    $c_2(x_2) = 60 + 0{,}5x_2$.

a) Ermitteln Sie die Gewinnfunktion
$g(p_1, p_2) = p_1 x_1 + p_2 x_2 - c_1(x_1) - c_2(x_2)$
in Abhängigkeit von $p_1$ und $p_2$.

b) Wie sind die Preise zu wählen, dass der Gewinn g maximal wird? Überprüfen Sie auch, ob es sich tatsächlich um ein Gewinnmaximum handelt. Wie hoch ist der maximale Gewinn?

c) Der Produzent setzt den Preis $p_2 = 10$ fest. Wie hat er dann den Preis $p_1$ zu wählen, damit der Gewinn (g) maximal wird?

**5.3.C** Gegeben sei die Funktion $f: \mathbb{R}^2 \to \mathbb{R}$ mit

$f(x, y) = 8 - 2x^2 + 4x - y^2 + 2y$

a) Bestimmen Sie den Gradienten und die Hesse-Matrix der Funktion.

b) Bestimmen Sie die stationären Stellen der Funktion und überprüfen Sie, ob es sich um Extrema handelt.

c) Überprüfen Sie für alle gefundenen Extrema, ob es sich um globale Extrema handelt.

## Lösungsvorschläge zu 5.3:

**5.3.A** Die Funktion hängt von zwei Variablen ab. Extremwerte kann sie nur haben, wenn ihre partiellen Ableitungen in Richtung der beiden Variablen gleichzeitig Null sind (notwendige Bedingung):

$$\frac{\partial f}{\partial x} = x^2 - 2x = 0 \Leftrightarrow x(x-2) = 0 \Leftrightarrow x = 0 \vee x = 2$$

$$\frac{\partial f}{\partial y} = 3y^2 - 12 = 0 \Leftrightarrow y^2 = 4 \Leftrightarrow y = 2 \vee y = -2$$

An den folgenden 4 Stellen hat die Funktion also eine waagerechte Tangentialebene (stationäre Stellen):

$$(0; 2) \ (0; -2) \ (2; 2) \ (2; -2)$$

Allerdings muss es sich bei diesen Punkten nicht um Extremwerte handeln, denn genauso wie bei eindimensionalen Funktionen kann es auch hier Sattelpunkte geben. Zur Überprüfung, ob es sich um einen Extremwert handelt, werden die zweiten partiellen Ableitungen gebildet (hinreichende Bedingung):

$$\frac{\partial^2 f}{\partial x^2} = 2x - 2$$

$$\frac{\partial^2 f}{\partial x \partial y} = \frac{\partial^2 f}{\partial y \partial x} = 0$$

$$\frac{\partial^2 f}{\partial y^2} = 6y$$

Bei einer Funktion mit 2 Variablen liegt ein Extremum vor, wenn die folgende Bedingung erfüllt ist:

$$\frac{\partial^2 f}{\partial x^2} * \frac{\partial^2 f}{\partial y^2} - \frac{\partial^2 f}{\partial x \partial y} * \frac{\partial^2 f}{\partial y \partial x} > 0$$

In diesen Fällen gilt:

$$\frac{\partial^2 f}{\partial x^2} > 0 \ \Rightarrow \ \text{lokales Minimum}$$

$$\frac{\partial^2 f}{\partial x^2} < 0 \ \Rightarrow \ \text{lokales Maximum}$$

In diesem speziellen Fall sind die gemischten Ableitungen Null. Die angeführten Bedingungen vereinfachen sich **in diesem Spezialfall weiter**:

$$\frac{\partial^2 f}{\partial x^2} > 0 \ \text{und} \ \frac{\partial^2 f}{\partial y^2} > 0 \ \Rightarrow \ \text{lokales Minimum}$$

$\frac{\partial^2 f}{\partial x^2} < 0$ und $\frac{\partial^2 f}{\partial y^2} < 0$ ⇒ lokales Maximum

An den 4 Stellen, wo die ersten Ableitungen Null sind, wird dieses Kriterium nun angewendet:

$(0, 2)$ ⇒ $\frac{\partial^2 f}{\partial x^2} = 2*0 - 2 = -2 < 0 \wedge \frac{\partial^2 f}{\partial y^2} = 6*2 = 12 > 0$
⇒ Sattelpunkt

$(0, -2)$ ⇒ $\frac{\partial^2 f}{\partial x^2} = -2 < 0 \wedge \frac{\partial^2 f}{\partial y^2} = -12 < 0$ ⇒ lokales Maximum

$(2, 2)$ ⇒ $\frac{\partial^2 f}{\partial x^2} = 2 > 0 \wedge \frac{\partial^2 f}{\partial y^2} = 12 > 0$ ⇒ lokales Minimum

$(2, -2)$ ⇒ $\frac{\partial^2 f}{\partial x^2} = 2 > 0 \wedge \frac{\partial^2 f}{\partial y^2} = -12 < 0$ ⇒ Sattelpunkt

Die Funktion hat demnach zwei Extremwerte:

Minimum: $(2, 2)$, $f(2, 2) = -17{,}33$

Maximum: $(0, -2)$, $f(0, -2) = 16$

Da die Funktion für $x/y \to \infty$ gegen $\infty$ und für $x/y \to -\infty$ gegen $-\infty$ geht, handelt es sich bei beiden Extremwerten um lokale Extrema.

Hier sei noch einmal betont, dass das zuvor präsentierte Verfahren nur gestattet ist, wenn die gemischten Ableitungen Null sind. Auch die zuvor angeführte allgemeinere Variante ist nur für eine Funktion mit zwei Variablen geeignet. Andernfalls muss die Matrix der zweiten partiellen Ableitungen, die **Hessesche-Matrix** (oder auch kürzer Hesse-Matrix) betrachet werden. In diesem Fall lautet sie:

$$H(f(x, y)) = \begin{pmatrix} 2x-2 & 0 \\ 0 & 6y \end{pmatrix}$$

An den einzelnen stationären Stellen ergeben sich folgende Hesse-Matrizen:

$$H(f(0, 2)) = \begin{pmatrix} -2 & 0 \\ 0 & 12 \end{pmatrix} \qquad H(f(0, -2)) = \begin{pmatrix} -2 & 0 \\ 0 & -12 \end{pmatrix}$$

$$H(f(2, 2)) = \begin{pmatrix} 2 & 0 \\ 0 & 12 \end{pmatrix} \qquad H(f(2, -2)) = \begin{pmatrix} 2 & 0 \\ 0 & -12 \end{pmatrix}$$

Ein Extremwert liegt vor, wenn die Hesse-Matrix positiv oder negativ definit ist. Dieses ist bei einer (2, 2)-Matrix nur dann der Fall, wenn die Determinante der Hesse-Matrix positiv ist. Für die Determinanten ergeben sich folgende Werte:

$\det(H(f(0, 2))) = -24$ $\qquad$ $\det(H(f(0, -2))) = 24$

$\det(H(f(2, 2))) = 24$ $\qquad$ $\det(H(f(2, -2))) = -24$

In den beiden Fällen mit einer positiven Determinante muss nun das Element links oben in der Matrix betrachtet werden, ist dieses positiv bzw. neagativ, so ist die Matrix positiv bzw. negativ definit.

$(0, -2) \Rightarrow -2 < 0 \Rightarrow H(f(0, -2))$ ist negativ definit,
die Funktion hat also an der Stelle $(0, -2)$ ein lokales Maximum.

$(2, 2) \Rightarrow 2 > 0 \Rightarrow H(f(2, 2))$ ist positiv definit,
die Funktion hat also an der Stelle $(2, 2)$ ein lokales Minimum.

**5.3.B** a) Die Gewinnfunktion, die abhängig von $p_1$ und $p_2$ ist, erhält man, indem man für $x_1$ und $x_2$ die entsprechenden Ausdrücke ersetzt:

$g(p_1, p_2) = p_1(50 - p_1 - 0{,}5p_2) + p_2(60 - 0{,}5p_1 - 1{,}5p_2)$
$\qquad - (60 + 0{,}5x_1) - (60 + 0{,}5x_2)$

$= p_1(50 - p_1 - 0{,}5p_2) + p_2(60 - 0{,}5p_1 - 1{,}5p_2)$
$\qquad - (60 + 0{,}5(50 - p_1 - 0{,}5p_2)) - (60 + 0{,}5(60 - 0{,}5p_1 - 1{,}5p_2))$

$= 50p_1 - p_1^2 - 0{,}5p_1p_2 + 60p_2 - 0{,}5p_1p_2 - 1{,}5p_2^2$
$\qquad - (60 + 25 - 0{,}5p_1 - 0{,}25p_2) - (60 + 30 - 0{,}25p_1 - 0{,}75p_2)$

$= 50p_1 - p_1^2 - 0{,}5p_1p_2 + 60p_2 - 0{,}5p_1p_2 - 1{,}5p_2^2$
$\qquad - 85 + 0{,}5p_1 + 0{,}25p_2 - 90 + 0{,}25p_1 + 0{,}75p_2$

$= \mathbf{50{,}75p_1 - p_1^2 - p_1p_2 + 61p_2 - 1{,}5p_2^2 - 175}$

b) Notwendige Bedingung für ein lokales Maximum ist, dass die partiellen Ableitungen Null werden:

$\dfrac{\partial g}{\partial p_1} = 50{,}75 - 2p_1 - p_2 = 0$

$\dfrac{\partial g}{\partial p_2} = -p_1 + 61 - 3p_2 = 0$

Nachfolgend wird die zweite Gleichung nach $p_1$ aufgelöst und dann in die erste Gleichung eingesetzt:

$-p_1 + 61 - 3p_2 = 0 \Leftrightarrow 61 - 3p_2 = p_1$

$\Rightarrow 50{,}75 - 2(61 - 3p_2) - p_2 = 0$

$\Leftrightarrow 50{,}75 - 122 + 6p_2 - p_2 = 0$

$\Leftrightarrow -71{,}25 + 5p_2 = 0$

$\Leftrightarrow 5p_2 = 71{,}25$

$\Leftrightarrow \mathbf{p_2 = 14{,}25}$

Aus der nach $p_1$ aufgelösten Gleichung folgt nun weiterhin:

$p_1 = 61 - 3p_2 \Rightarrow p_1 = 61 - 3*14{,}25 \Leftrightarrow \mathbf{p_1 = 18{,}25}$

Das einzige lokale Extremum der Funktion liegt also bei (18,25; 14,25).

Um festzustellen, ob es sich tatsächlich um ein Maximum handelt, muss die Hesse-Matrix betrachtet werden. Es müssen also die zweiten partiellen Ableitungen berechnet werden. Die ersten partiellen Ableitungen lauteten:

$\dfrac{\partial g}{\partial p_1} = 50{,}75 - 2p_1 - p_2 = 0 \qquad \dfrac{\partial g}{\partial p_2} = -p_1 + 61 - 3p_2 = 0$

Für die zweiten partiellen Ableitungen ergibt sich nun:

$\dfrac{\partial^2 g}{\partial p_1^2} = -2 \qquad \dfrac{\partial^2 g}{\partial p_2^2} = -3 \qquad \dfrac{\partial^2 g}{\partial p_1 \partial p_2} = \dfrac{\partial^2 g}{\partial p_2 \partial p_1} = -1$

Für die Hesse-Matrix ergibt sich somit:

$H(p_1; p_2) = \begin{pmatrix} -2 & -1 \\ -1 & -3 \end{pmatrix}$

Da die Hesse-Matrix unabhängig von $p_1$ und $p_2$ ist, brauchen die Werte der möglichen Extremstelle (18,25; 14,25) nicht in die Hesse-Matrix eingesetzt werden.

Es soll gezeigt werden, dass die Funktion ein Maximum hat. Ein Maximum liegt vor, wenn die Hesse-Matrix negativ definit ist. Eine (2, 2)-Matrix ist negativ definit, wenn ihre Determinante positiv und das links oben stehende Element negativ ist.

$\det(H) = (-2)*(-3) - (-1)*(-1) = 5$

Die Determinante ist also positiv. Links oben steht ein negatives Element. Somit ist H negativ definit und die Funktion hat bei (18,25; 14,25) ein Maximum.

Für den Funktionswert ergibt sich:

$g(18{,}25;\ 14{,}25) = 50{,}75*18{,}25 - 18{,}25^2 - 18{,}25*14{,}25$
$\qquad\qquad\quad + 61*14{,}25 - 1{,}5*14{,}25^2 - 175 = 722{,}72$

c) Den vorgegebenen Wert für $p_2$ muss man in die Gewinnfunktion einsetzen. Diese hängt dann nur noch von einer Variablen ab:

$g(p_1) = 50{,}75 p_1 - p_1{}^2 - p_1*10 + 61*10 - 1{,}5*10^2 - 175$
$\qquad = 50{,}75 p_1 - p_1{}^2 - 10 p_1 + 610 - 150 - 175$
$\qquad = 40{,}75 p_1 - p_1{}^2 + 285$

Da es sich nun um eine Funktion von einer Variablen handelt, kann der gewinnmaximale Preis gefunden werden, indem die erste Ableitung der Funktion gleich Null gesetzt wird und dann die zweite Ableitung überprüft wird:

$g'(p_1) = 40{,}75 - 2 p_1 = 0$

$\Leftrightarrow\ 40{,}75 = 2 p_1$

$\Leftrightarrow\ p_1 = 20{,}375$

$g''(p_1) = -2$

Die zweite Ableitung ist überall negativ, also auch bei $p_1 = 20{,}375$, es liegt also tatsächlich ein Maximum vor.

Es ist ein Preis von 20,375 zu wählen.

**5.3.C** a) Für die partiellen Ableitungen ergibt sich Folgendes:

$\dfrac{\partial f}{\partial x} = -4x + 4$

$\dfrac{\partial f}{\partial y} = -2y + 2$

Somit ergibt sich für den Gradienten der Funktion:

$$\operatorname{grad} f = \begin{pmatrix} -4x + 4 \\ -2y + 2 \end{pmatrix}^T$$

Für die Hesse-Matrix ergibt sich:

$$H(f(x, y)) = \begin{pmatrix} -4 & 0 \\ 0 & -2 \end{pmatrix}$$

b) Die stationären Stellen ergeben sich, indem die ersten partiellen Ableitungen (bzw. der Gradient) gleich Null gesetzt werden:

$$\frac{\partial f}{\partial x} = -4x + 4 = 0 \Leftrightarrow 4 = 4x \Leftrightarrow x = 1$$

$$\frac{\partial f}{\partial y} = -2y + 2 = 0 \Leftrightarrow 2 = 2y \Leftrightarrow y = 1$$

Die einzige stationäre Stelle der Funktion ist bei (1, 1).

Da die Hesse-Matrix unabhängig von x und y ist, brauchen die Werte der stationären Stelle nicht in die Hesse-Matrix eingesetzt werden. Für die Determinate der Hesse-Matrix ergibt sich:

$$\det(H) = (-4)*(-2) - 0*0 = 8$$

Die Determinante ist also positiv. Links oben in der Hesse-Matrix steht ein negatives Element, somit ist H negativ definit und die Funktion hat bei (1, 1) ein relatives Maximum.

c) Die Hesse-Matrix lautet:

$$H(f(x, y)) = \begin{pmatrix} -4 & 0 \\ 0 & -2 \end{pmatrix}$$

Wie zuvor bereits gezeigt worden ist, handelt es sich um eine negativ definite Matrix. Eine Funktion, die eine negativ definite Hesse-Matrix hat, ist streng konkav. Da die Hesse-Matrix unabhängig von x und y ist, folgt, dass die Funktion auf der gesamten Definitionsmenge $\mathbb{R}^2$ streng konkav ist, hieraus ergibt sich wiederum, dass an der Stelle (1, 1) ein globales Maximum der Funktin vorliegt.

# 5.4 Lagrangemethode

**5.4.A** a) Bestimmen Sie mit der Lagrangetechnik die potentiellen Extremwerte von $f(x,y) = x^2 + x*y + y^2$ unter der Nebenbedingung $x = y$.

b) Berechnen und klassifizieren Sie die potentiellen Extremwerte von $f(x,y)$ mit der Substitutionsmethode.

**5.4.B** Berechnen Sie mit Hilfe des Lagrange-Ansatzes alle stationären Stellen der Funktion

$$f: \mathbb{R}^3 \to \mathbb{R}; \begin{pmatrix} x_1 \\ x_2 \\ x_3 \end{pmatrix} \to f(x) = y = x_1^2 + x_2^2 + x_3^2$$

unter den Nebenbedingungen

$x_1 + x_2 = 1$
$2x_2 + x_3 = -2$

**5.4.C** Bestimmen Sie mit Hilfe des Lagrange-Ansatzes mögliche Extrema von $x + 2y$ unter der Nebenbedingung $x^2 + y^2 = 1$. Handelt es sich wirklich um Extrema?

**5.4.D** Verwenden Sie die Methode von Lagrange zur Lösung folgender Aufgabe.

Eine Unternehmensabteilung setzt Facharbeiter und Hilfsarbeiter ein. Der wöchentliche Output Y bei Einsatz von F Facharbeiterstunden und H Hilfsarbeiterstunden ist durch die folgende Produktionsfunktion $Y: \mathbb{R}^2 \to \mathbb{R}$ gegeben:

$$Y = Y(F, H) = 120F + 80H + 10FH - 0{,}5F^2 - \frac{2}{9}H^2.$$

Der Facharbeiterlohn beträgt 6 GE/h (Geldeinheiten pro Stunde) und der Hilfsarbeiterlohn 4 GE/h. Der Abteilung steht zur Entlohnung der Arbeitskräfte ein fest vorgegebenes Budget B zur Verfügung.

Speziell sei   a) B = 504 GE
 b) B = 432 GE

Mit welchen Zeiten soll die Abteilung Facharbeiter bzw. Hilfsarbeiter einsetzen, damit die Produktionsmenge möglichst groß wird?

**5.4.E** Ermitteln Sie mit Hilfe des Lagrange-Ansatzes die stationären Stellen der Funktion

f: (x, y, z) → $-5x^2 + 4y^2 + 3z^2$

unter den Nebenbedingungen x + y = 3 und y + z = 4.

**5.4.F** Gegeben ist die Funktion f: $\mathbb{R}^2 \to \mathbb{R}$ mit $f(x, y) = e^{4-x^2-y^2}$.
Bestimmen Sie mögliche Extremwerte von f unter der Nebenbedingung $x^2 + 2y = 6$. Verwenden Sie dabei die Methode von Lagrange.

**5.4.G** Betrachtet werde eine von zwei Gütern abhängige Nutzenfunktion U(x, y). Es steht das Budget B für den Kauf der beiden Güter, die zu den Preisen $p_x$ und $p_y$ angeboten werden, zur Verfügung. Zeigen Sie, dass für ein Nutzenmaximum das Verhältnis aus Grenznutzen und Preis für beide Güter identisch sein muss, dass also gelten muss:

$$\frac{\frac{\partial U(x,y)}{\partial x}}{p_x} = \frac{\frac{\partial U(x,y)}{\partial y}}{p_y}$$

**5.4.H** Ein Unternehmen fertige das Produkt Y gemäß der Produktionsfunktion $y(r_1, r_2) = r_1 * r_2^2$.

Das Unternehmen möchte die Produktionsmenge y des Produkts Y maximieren. Dabei steht für die Produktion pro Periode ein festes Finanzbudget von 6000 GE (Geldeinheiten) zur Verfügung, welches auch vollständig verbraucht werden soll. Eine ME (Mengeneinheit) des Produktionsfaktors $r_1$ kostet 1 GE, eine ME des Produktionsfaktors $r_2$ kostet 4 GE.

Bestimmen Sie mit Hilfe des Lagrange-Ansatzes die Mengenkombinationen der Produktionsfaktoren $r_1$ und $r_2$, an denen eine stationäre Stelle der Produktionsfunktion $y(r_1, r_2)$ unter Einhaltung der Budgetrestriktion vorliegt.

# Lösungsvorschläge zu 5.4:

**5.4.A** **a)** Die Lagrangefunktion besteht aus der ursprünglichen Funktion, zu der die Nebenbedingungen multipliziert mit den Lagrangeparametern $\lambda_i$ hinzugezählt werden. Die Nebenbedingungen müssen hierzu zuvor so umgeformt werden, dass auf der einen Seite nur noch eine Null steht. Im vorliegenden Fall ergibt sich:

$$L(x, y, \lambda) = x^2 + x*y + y^2 + \lambda(x-y)$$

Das Lagrangeprinzip besagt nun, dass diese Funktion dieselben Extremwerte hat wie die ursprüngliche Funktion f(x,y). Die möglichen Extremwerte von L liegen nun dort, wo die partiellen Ableitungen dieser Funktion nach x, y und $\lambda$ Null sind.

$$\frac{\partial L}{\partial x} = 2x + y + \lambda = 0$$

$$\frac{\partial L}{\partial y} = 2y + x - \lambda = 0$$

$$\frac{\partial L}{\partial \lambda} = x - y = 0$$

Somit ergibt sich ein Gleichungssystem mit 3 Gleichungen und 3 Unbekannten. Aus der untersten Gleichung folgt x=y (die Ableitungen nach den Lagrangeparametern reproduzieren gerade wieder die Nebenbedingungen). Wenn man in den oberen Gleichungen x durch y ersetzt, ergibt sich:

$$2y + y + \lambda = 0$$
$$2y + y - \lambda = 0$$

Die Summierung dieser beiden Gleichungen ergibt:

$$6y = 0 \Leftrightarrow y = 0 \Rightarrow x = 0 \wedge \lambda = 0$$

Der Wert des Lagrangeparameters spielt für die möglichen Extremwerte keine Rolle. Also liegen potentielle Extremwerte der Funktion bei (0, 0).

**b)** Bei der Substitutionsmethode wird die Nebenbedingung nach einer Variablen aufgelöst. Diese Variable wird dann in der Funktion ersetzt. In diesem Fall braucht die Nebenbedingung nicht weiter aufgelöst zu werden, denn sie lautet ja x = y. Nachfolgend wird in der Funktion für x ersetzt:

$$f(y) = y^2 + y*y + y^2 = 3y^2$$

Da die Funktion nur noch von einer Variablen abhängt, ist die weitere Berechnung ziemlich einfach. Zunächst werden die Ableitungen der Funktion gebildet:

$$f'(y) = 6y$$
$$f''(y) = 6$$

Nun wird die erste Ableitung gleich Null gesetzt:

$$6y = 0 \Leftrightarrow y = 0$$

Einziger möglicher Extremwert der Funktion liegt also bei $y = 0$. Für die zweite Ableitung ergibt sich an dieser Stelle:

$$f''(0) = 6$$

Da die zweite Ableitung positiv ist, handelt es sich um einen Tiefpunkt. Aus der Ersetzungsbedingung (x=y) wird nun der zu dem Extremwert gehörende x-Wert berechnet:

$$x = 0$$

Die Funktion hat unter der gegebenen Nebenbedingung also nur einen einzigen Extremwert, einen Tiefpunkt an der Stelle (0, 0).

Anmerkung: Bei dieser Aufgabe könnte man sich fragen, wozu man eigentlich die Lagrangemethode lernt, wenn sich die Aufgaben mittels der Substitutionsmethode so einfach – wie hier gezeigt – lösen lassen. Daher sei darauf hingewiesen, dass es Aufgaben gibt, die sich nur mit der Lagrangemethode lösen lassen. Dies ist der Fall, wenn die Nebenbedingung nicht nach einer Variablen aufgelöst werden kann oder allgemeine Zusammenhänge (z. B. Minimalkostenkombination) hergeleitet werden sollen.

**5.4.B** Stationär ist eine Funktion an den Stellen, an denen ihre Steigung gleich Null ist. Also ist diese Aufgabenstellung äquivalent zu der vorherigen Aufgabe, wo die möglichen Extremstellen bestimmt werden sollten.

Hier sind zwei Nebenbedingungen vorhanden. Diese müssen nach Null aufgelöst, jeweils mit einem eigenen Lagrangeparameter versehen und dann zur Funktion hinzugefügt werden.

Es ergibt sich:

$$L = x_1^2 + x_2^2 + x_3^2 + \lambda_1(x_1+x_2-1) + \lambda_2(2x_2+x_3+2)$$

$$\frac{\partial L}{\partial x_1} = 2x_1 + \lambda_1 = 0 \Rightarrow \lambda_1 = -2x_1$$

$$\frac{\partial L}{\partial x_2} = 2x_2 + \lambda_1 + 2\lambda_2 = 0$$

$$\frac{\partial L}{\partial x_3} = 2x_3 + \lambda_2 = 0 \Rightarrow \lambda_2 = -2x_3$$

$$\frac{\partial L}{\partial \lambda_1} = x_1+x_2-1 = 0$$

$$\frac{\partial L}{\partial \lambda_2} = 2x_2+x_3+2 = 0$$

Nun werden $\lambda_1$ und $\lambda_2$ in der zweiten Gleichung ersetzt:

$$2x_2 - 2x_1 - 4x_3 = 0$$

Weiterhin verbleiben die beiden Gleichungen aus den Nebenbedingungen:

$$x_1 + x_2 - 1 = 0$$
$$2x_2 + x_3 + 2 = 0$$

Dieses Gleichungssystem kann nun mit dem Gauß-Algorithmus (oder auch anders) berechnet werden. Zunächst werden die Variablen sortiert:

$$-2x_1 + 2x_2 - 4x_3 = 0$$
$$x_1 + x_2 = 1$$
$$2x_2 + x_3 = -2$$

$$\begin{pmatrix} -2 & 2 & -4 & 0 \\ 1 & 1 & 0 & 1 \\ 0 & 2 & 1 & -2 \end{pmatrix} \; + 0{,}5*I$$

$$\begin{pmatrix} -2 & 2 & -4 & 0 \\ 0 & 2 & -2 & 1 \\ 0 & 2 & 1 & -2 \end{pmatrix} \; -II$$

$$\begin{pmatrix} -2 & 2 & -4 & 0 \\ 0 & 2 & -2 & 1 \\ 0 & 0 & 3 & -3 \end{pmatrix} \; \begin{matrix} /(-2) \\ \\ /3 \end{matrix}$$

$$\begin{pmatrix} 1 & -1 & 2 & 0 \\ 0 & 1 & -1 & 0{,}5 \\ 0 & 0 & 1 & -1 \end{pmatrix}$$

Nun folgt: $x_3 = -1$

$x_2 - (-1) = 0{,}5 \Leftrightarrow x_2 = -0{,}5$

$x_1 - (-0{,}5) + 2(-1) = 0 \Leftrightarrow x_1 = 1{,}5$

Es ergibt sich also als einzige stationäre Stelle:

$x_1 = 1{,}5; \quad x_2 = -0{,}5; \quad x_3 = -1$

**5.4.C** $f(x, y)$ lautet hier $f(x, y) = x + 2y$ und die Nebenbedingung lautet $x^2 + y^2 = 1$.

Für die Lagrangefunktion ergibt sich somit:

$L = x + 2y + \lambda(x^2 + y^2 - 1)$

Für die partiellen Ableitungen folgt:

$\frac{\partial L}{\partial x} = 1 + 2x\lambda = 0$

$\frac{\partial L}{\partial y} = 2 + 2y\lambda = 0$

$\frac{\partial L}{\partial \lambda} = x^2 + y^2 - 1 = 0$

Es ist am sinnvollsten, zuerst $\lambda$ aus den Gleichungen zu eliminieren, da man ja nur x und y ausrechnen muss. Zunächst wird die erste Gleichung mit y und die zweite mit x multipliziert (dieses ist allerdings nur für $x \neq 0 \wedge y \neq 0$ erlaubt; sollte sich als Lösung für eine der Variablen Null ergeben, so muss diese Lösung näher überprüft werden):

$y + 2xy\lambda = 0$

$2x + 2xy\lambda = 0$

Nun wird die zweite Gleichung von der ersten abgezogen:

$\Rightarrow y - 2x = 0 \Leftrightarrow y = 2x$

Wenn man dieses in die dritte Gleichung einsetzt, ergibt sich:

$x^2 + (2x)^2 = 1 \Leftrightarrow 5x^2 = 1 \Leftrightarrow x = \pm\sqrt{0{,}2}$

Für y ergibt sich dann:

$y = \pm 2\sqrt{0{,}2} = \pm\sqrt{4} * \sqrt{0{,}2} = \pm\sqrt{0{,}8}$

Somit ergeben sich folgende Punkte als Lösung:

$(\sqrt{0{,}2};\ \sqrt{0{,}8})$ und $(-\sqrt{0{,}2};\ -\sqrt{0{,}8})$

Der erste Punkt ist ein Hochpunkt, der zweite ein Tiefpunkt, denn die Funktion nimmt mit steigenden x- und y-Werten zu. Die Nebenbedingung stellt einen Kreis dar.

**5.4.D** Zunächst muss die Nebenbedingung aufgestellt werden. Pro Facharbeiter muss ein Lohn von 6 Geldeinheiten und pro Hilfsarbeiter ein Lohn von 4 GE bezahlt werden. Somit ergibt sich folgende Nebenbedingung:

6F + 4H = B

Für die Lagrangefunktion ergibt sich:

$L(F, H, \lambda) = 120F + 80H + 10FH - 0{,}5F^2 - \frac{2}{9}H^2 + \lambda(6F+4H-B)$

Die Aufgabe soll mit zwei verschiedenen Budgets berechnet werden, daher ist es zunächst am günstigsten, sie in Abhängigkeit von B zu lösen.

$\frac{\partial Y}{\partial F} = 120 + 10H - F + 6\lambda = 0$

$\frac{\partial Y}{\partial H} = 80 + 10F - \frac{4}{9}H + 4\lambda = 0$

$\frac{\partial Y}{\partial \lambda} = 6F + 4H - B = 0$

Die Gleichungen wurden bereits gleich Null gesetzt. Aus den ersten beiden Gleichungen wird nun $\lambda$ entfernt. Hierzu wird die erste Gleichung mit 2 und die zweite mit 3 multipliziert und dann die zweite von der ersten Gleichung abgezogen:

$240 + 20H - 2F + 12\lambda = 0$

$-(240 + 30F - \frac{4}{3}H + 12\lambda = 0)$

$= -32F + \frac{64}{3}H = 0$

$\Leftrightarrow F = \frac{2}{3}H$

Für F kann nun in die dritte Gleichung eingesetzt werden:

$6 * \frac{2}{3}H + 4H - B = 0 \Leftrightarrow 8H = B \Leftrightarrow H = \frac{1}{8}B \Rightarrow F = \frac{1}{12}B$

Somit ergeben sich für die beiden Budgets:

a) F = 42  H = 63  $Y_{max}$ = 34,776

b) F = 36  H = 54  $Y_{max}$ = 26,784

**5.4.E** Die Lagrangefunktion lautet:

$$L = -5x^2 + 4y^2 + 3z^2 + \lambda(x + y - 3) + \mu(y + z - 4)$$

$$\frac{\partial L}{\partial x} = -10x + \lambda = 0 \Leftrightarrow 10x = \lambda$$

$$\frac{\partial L}{\partial y} = 8y + \lambda + \mu = 0$$

$$\frac{\partial L}{\partial z} = 6z + \mu = 0 \Leftrightarrow -6z = \mu$$

$$\frac{\partial L}{\partial \lambda} = x + y - 3 = 0$$

$$\frac{\partial L}{\partial \mu} = y + z - 4 = 0$$

Nun können $\lambda$ und $\mu$ in der zweiten Gleichung ersetzt werden, und es sind dann noch folgende 3 Gleichungen zu lösen:

$$8y + 10x + -6z = 0 \Leftrightarrow 10x + 8y - 6z = 0$$
$$x + y - 3 = 0 \Leftrightarrow x + y = 3$$
$$y + z - 4 = 0 \Leftrightarrow y + z = 4$$

Im Folgenden wird der Gauß-Algorithmus zur Lösung des Gleichungssystems angewendet. (Die Zeilen mit den vielen Einsen wurden nachfolgend nach oben geschrieben, weil dies die Rechnung erleichtert, die Reihenfolge der Gleichungen ist ja für das Ergebnis egal). Die erweiterte Koeffizientenmatrix lautet:

$$\begin{pmatrix} 1 & 1 & 0 & 3 \\ 0 & 1 & 1 & 4 \\ 10 & 8 & -6 & 0 \end{pmatrix} \quad -10*\mathrm{I}$$

$$\begin{pmatrix} 1 & 1 & 0 & 3 \\ 0 & 1 & 1 & 4 \\ 0 & -2 & -6 & -30 \end{pmatrix} \quad +2*\mathrm{II}$$

$$\begin{pmatrix} 1 & 1 & 0 & 3 \\ 0 & 1 & 1 & 4 \\ 0 & 0 & -4 & -22 \end{pmatrix} \quad /(-4)$$

$$\begin{pmatrix} 1 & 1 & 0 & 3 \\ 0 & 1 & 1 & 4 \\ 0 & 0 & 1 & 5.5 \end{pmatrix} \quad -\mathrm{III}$$

$$\begin{pmatrix} 1 & 1 & 0 & 3 \\ 0 & 1 & 0 & -1.5 \\ 0 & 0 & 1 & 5.5 \end{pmatrix} \begin{matrix} -\text{II} \\ \\ \end{matrix}$$

$$\begin{pmatrix} 1 & 0 & 0 & 4.5 \\ 0 & 1 & 0 & -1.5 \\ 0 & 0 & 1 & 5.5 \end{pmatrix}$$

Somit hat die Funktion unter den gegebenen Nebenbedingungen nur bei (4,5; −1,5; 5,5) eine stationäre Stelle.

**5.4.F** Die Lagrangefunktion lautet:

$$L(x, y, \lambda) = e^{4-x^2-y^2} + \lambda(x^2+2y-6)$$

$$\frac{\partial L}{\partial x} = -2xe^{4-x^2-y^2} + 2\lambda x = 0$$

$$\frac{\partial L}{\partial y} = -2ye^{4-x^2-y^2} + 2\lambda = 0 \mid *x$$

$$\frac{\partial L}{\partial \lambda} = x^2 + 2y - 6 = 0$$

Nun wird die zweite Gleichung mit x multipliziert und dann von der ersten Gleichung abgezogen. Dadurch fällt das $\lambda$ aus den Gleichungen heraus.

$$-2xe^{4-x^2-y^2} + 2\lambda x = 0$$

$$-(-2xye^{4-x^2-y^2} + 2\lambda x = 0)$$

$$\Rightarrow 2xye^{4-x^2-y^2} - 2xe^{4-x^2-y^2} = 0$$

$$\Leftrightarrow 2xe^{4-x^2-y^2} * (y-1) = 0 \Leftrightarrow x = 0 \lor y = 1$$

($e^{4-x^2-y^2}$ wird nie Null)

Aus der dritten Gleichung müssen nun für die gefundenen Werte die jeweils anderen Werte berechnet werden.

Für **x = 0** ergibt sich:

$$0^2 + 2y - 6 = 0 \Leftrightarrow y = 3$$

Für **y = 1** folgt:

$$x^2 + 2*1 - 6 = 0 \Leftrightarrow x^2 = 4 \Leftrightarrow x = 2 \lor x = -2$$

Insgesamt ergeben sich also als Lösungsmenge folgende drei Punkte:

(0, 3); (2, 1) und (−2, 1)

Für die Funktionswerte ergibt sich.

$f(0, 3) = e^{-5}$; $f(2, 1) = f(-2, 1) = e^{-1}$

**5.4.G** Der Zusammenhang kann mittels Lagrange hergeleitet werden. Ausgangspunkt ist die Nutzenfunktion U(x, y), die maximiert werden soll. Bei der Maximierung ist zu beachten, dass nur eine bestimmte Menge an Geld (B) zur Verfügung steht, um die Güter x und y zu kaufen. Gibt man das vorhandene Geld ganz aus, so befindet man sich gerade auf der Budgetgeraden, es gilt dann:

$$B = p_x * x + p_y * y$$

Für die Langrangefunktion ergibt sich somit:

$$L(x, y, \lambda) = U(x, y) + \lambda(p_x * x + p_y * y - B)$$

Für die Ableitungen der Lagrangefunktion ergibt sich:

$$\frac{\partial L}{\partial x} = \frac{\partial U(x, y)}{\partial x} + \lambda p_x = 0$$

$$\frac{\partial L}{\partial y} = \frac{\partial U(x, y)}{\partial y} + \lambda p_y = 0$$

Die Ableitung nach $\lambda$ wird hier nicht berechnet, denn sie wird nachfolgend nicht benötigt. Die beiden Gleichungen werden jetzt nach $\lambda$ aufgelöst, hierbei ergibt sich für die erste Gleichung:

$$\frac{\partial U(x, y)}{\partial x} + \lambda p_x = 0 \quad | - \frac{\partial U(x, y)}{\partial x}$$

$$\Leftrightarrow \lambda p_x = -\frac{\partial U(x, y)}{\partial x} \quad | /p_x$$

$$\Leftrightarrow \lambda = -\frac{\frac{\partial U(x, y)}{\partial x}}{p_x}$$

Für die zweite Gleichung ergibt sich mittels entsprechender Umformungen:

$$\Leftrightarrow \lambda = -\frac{\frac{\partial U(x, y)}{\partial y}}{p_y}$$

Die beiden gefundenen Ausdrücke für $\lambda$ können jetzt gleich gesetzt werden, hierbei ergibt sich:

$$-\frac{\frac{\partial U(x,y)}{\partial x}}{p_x} = -\frac{\frac{\partial U(x,y)}{\partial y}}{p_y} \quad | *(-1)$$

$$\Leftrightarrow \frac{\frac{\partial U(x,y)}{\partial x}}{p_x} = \frac{\frac{\partial U(x,y)}{\partial y}}{p_y}$$

Genau dieser Zusammenhang sollte bewiesen werden. Er ergibt sich somit, wie gefordert, als notwendige Bedingung für ein Nutzenmaximum.

**5.4.H** $L(x, y, \lambda) = r_1 * r_2^2 + \lambda(r_1 + 4r_2 - 6.000)$

$\frac{\partial L}{\partial r_1} = r_2^2 + \lambda = 0$

$\frac{\partial L}{\partial r_2} = 2r_1 * r_2 + 4\lambda = 0$

$\frac{\partial L}{\partial \lambda} = r_1 + 4r_2 - 6.000 = 0$

Aus den ersten beiden Gleichungen wird nun zunächst $\lambda$ eliminiert:

$4*I - II: 4r_2^2 - 2r_1 * r_2 = 0$

$\Leftrightarrow r_2(4r_2 - 2r_1) = 0$

$\Leftrightarrow r_2 = 0 \lor 4r_2 - 2r_1 = 0$

$\Leftrightarrow r_2 = 0 \lor r_1 = 2r_2$

Für $r_2 = 0$ ergibt sich weiter:

$r_1 + 4*0 - 6.000 = 0 \Leftrightarrow r_1 = 6.000$

Für $r_1 = 2r_2$ ergibt sich:

$2r_2 + 4r_2 - 6.000 = 0$

$\Leftrightarrow r_2 = 1.000$

$\Rightarrow r_1 = 2*1.000 = 2.000$

Es ergeben sich die stationären Stellen (6.000; 0) und (2.000; 1.000)

# 5.5 Totales Differential

**5.5.A** Bei der Produktion eines Gutes wird die Abhängigkeit des Outputs x von den zwei Produktionsfaktoren $r_1$ und $r_2$ durch die folgende Produktionsfunktion beschrieben:

$$x(r_1, r_2) = 0{,}5 \sqrt{r_1 r_2} + 0{,}1\, r_1^{0,4}\, r_2^{0,6}$$

a) Berechnen Sie den Output für $\mathbf{r}_0 = (r_{01}, r_{02}) = (3, 5)$

b) Berechnen Sie grad $x(\mathbf{r})$

c) Wie verändert sich $x_0 = x(\mathbf{r}_0)$ in 1. Näherung, wenn $r_{01}$ um 0,2 Einheiten vergrößert und $r_{02}$ um 0,1 Einheiten verkleinert wird? Vergleichen Sie diesen Wert mit dem exakten Änderungswert.

**5.5.B** Bestimmen Sie das totale Differential von:

$$f: \mathbb{R}^2 \to \mathbb{R} \text{ mit } f(x; y) = e^{x*y} - (xy)^2$$

an der Stelle (1; 1) für dx = 0,1; dy = 0,2.

Vergleichen Sie den Wert mit df = f(1,1; 1.2) − f((1; 1)).

## Lösungsvorschläge zu 5.5:

**5.5.A a)** $x(3, 5) = 2{,}344$

**b)**
$$\text{grad } x(\mathbf{r}) = \begin{pmatrix} 0{,}25 r_1^{-0,5} r_2^{0,5} + 0{,}04 r_1^{-0,6} r_2^{0,6} \\ 0{,}25 r_1^{0,5} r_2^{-0,5} + 0{,}06 r_1^{0,4} r_2^{-0,4} \end{pmatrix}^T$$

**c)** Das totale Differential lautet:

$$dx = (0{,}25 r_1^{-0,5} r_2^{0,5} + 0{,}04 r_1^{-0,6} r_2^{0,6}) dr_1$$
$$+ (0{,}25 r_1^{0,5} r_2^{-0,5} + 0{,}06 r_1^{0,4} r_2^{-0,4}) dr_2$$

Setzt man die gegebenen Werte ein, erhält man:

$$dx = 0{,}0512$$

Für die exakte Änderung der Funktion ergibt sich:

$$\triangle x = x(3{,}2; 4{,}9) - x(3; 5) = 0{,}049$$

**5.5.B** Hier soll überprüft werden, wie gut die Veränderung der Funktion durch das totale Differential angenähert wird. Um das totale Differential berechnen zu können, müssen zunächst die partiellen Ableitungen der Funktion nach x und y gebildet werden:

$$\frac{\partial f(x,y)}{\partial x} = y * e^{x*y} - 2x * y^2 \qquad \frac{\partial f(x,y)}{\partial y} = x * e^{x*y} - 2y * x^2$$

Das totale Differential ergibt sich damit zu:

$$df(x,y) = (y * e^{x*y} - 2x * y^2) * dx + (x * e^{x*y} - 2y * x^2) * dy$$

Das totale Differential soll an der Stelle (1, 1) für dx = 0,1 und dy = 0,2 berechnet werden. Daher muss für x und y 1 eingesetzt werden, für dx 0,1 und für dy 0,2. Wird dies durchgeführt, ergibt sich:

$$df(1,1) = (1 * e^{1*1} - 2*1 * 1^2) * 0{,}1 + (1 * e^{1*1} - 2*1 * 1^2) * 0{,}2$$

$$= (e - 2) * 0{,}1 + (e - 2) * 0{,}2 = 0{,}215$$

Nun soll der tatsächliche Unterschied der Funktionswerte bestimmt werden, hierzu müssen die Werte einfach in die Funktion eingesetzt werden:

$$\triangle f = f(1{,}1; 1{,}2) - f((1; 1)) = e^{1{,}1 * 1{,}2} - 1{,}1^2 * 1{,}2^2 - (e^{1*1} - 1^2 * 1^2) = 0{,}283$$

Der Wert des totalen Differentials liegt deutlich unter dem tatsächlichen Unterschied der Funktionswerte. Dies bedeutet, dass in diesem Fall das totale Differential keine gute Näherung für die Funktion ist (dx und dy sind zu groß).

# 5.6 Abbildungen in den $\mathbb{R}^n$

**5.6.A** Gegeben sind die Funktionen:

$$f: \mathbb{R}^2 \to \mathbb{R}^3 \text{ mit } \begin{pmatrix} y_1 \\ y_2 \\ y_3 \end{pmatrix} = \begin{pmatrix} x_1 + x_2 \\ 1 + x_1^2 + x_2^2 \\ x_1 * x_2 \end{pmatrix} \text{ und}$$

$$g: \mathbb{R}^+ \to \mathbb{R}^2 \text{ mit } \begin{pmatrix} x_1 \\ x_2 \end{pmatrix} = \begin{pmatrix} \ln t \\ t-1 \end{pmatrix}.$$

a) Bestimmen Sie $D_f(\vec{x}) = \left( \frac{\partial y_i}{\partial x_j} \right)$ und

$$D_g(t) = \left( \frac{\partial x_j}{\partial t} \right) \ (i = 1, 2, 3; j = 1, 2)$$

b) Bestimmen Sie mit der Kettenregel die Matrix $D_{f \circ g}(t)$

**5.6.B** Gegeben seien die beiden Funktionen

$$v: \mathbb{R}^2 \to \mathbb{R}^3; \begin{pmatrix} x_1 \\ x_2 \end{pmatrix} \to v(\vec{x}) = \begin{pmatrix} x_1 + x_2 \\ 2x_1^2 - x_2^3 \\ x_1 x_2 \end{pmatrix}$$

$$u: \mathbb{R}^3 \to \mathbb{R}; \begin{pmatrix} r_1 \\ r_2 \\ r_3 \end{pmatrix} \to u(\vec{r}) = y = r_1 r_3 + r_2$$

a) Bestimmen Sie $u \circ v$

b) Bestimmen Sie $(u \circ v)'(\underline{x})$

c) Bestimmen Sie $(u \circ v)'(\underline{x}) = \left[ \frac{\partial y}{\partial x_k} \right]$ mittels der mehrdimensionalen Kettenregel aus den Ableitungen von u und v.

## Lösungsvorschläge zu 5.6:

### 5.6.A

a)
$$D_f(\vec{x}) = \begin{pmatrix} 1 & 1 \\ 2x_1 & 2x_2 \\ x_2 & x_1 \end{pmatrix} \qquad D_g(t) = \begin{pmatrix} \frac{1}{t} \\ 1 \end{pmatrix}$$

b) Hier muss entsprechend der mehrdimensionalen Kettenregel das Matrizenprodukt der Ableitungsmatrizen gebildet werden:

$D_f(\vec{x}) * D_g(t) =$

|  |  | $\frac{1}{t}$ |
|---|---|---|
|  |  | $1$ |
| $1$ | $1$ | $\frac{1}{t} + 1$ |
| $2x_1$ | $2x_2$ | $2x_1 \frac{1}{t} + 2x_2$ |
| $x_2$ | $x_1$ | $x_2 * \frac{1}{t} + x_1$ |

Entsprechend der Funktionsvorschrift für die einzelnen Komponenten von g müssen nun noch die $x_i$ durch t ersetzt werden. Hierbei ergibt sich:

$$D_{f \circ g}(t) = \begin{pmatrix} \frac{1}{t} + 1 \\ 2\ln t * \frac{1}{t} + 2(t-1) \\ (t-1) * \frac{1}{t} + \ln t \end{pmatrix}$$

**5.6.B** **a)** $u \circ v = x_1^2 x_2 + x_1 x_2^2 + 2x_1^2 - x_2^3$

**b)** Es muss nach allen Variablen der Funktion partiell abgeleitet werden, um $(u \circ v)'(x)$ zu bestimmen.

$(u \circ v)'(x) = 2x_1 x_2 + x_2^2 + 4x_1 \; ; \; x_1^2 + 2x_1 x_2 - 3x_2^2$

**c)** Nach der mehrdimensionalen Kettenregel kann man auch die Ableitungen der einzelnen Funktionen berechnen (dies sind Matrizen) und dann ihr Matrizenprodukt errechnen.

$u' = (r_3 \; ; \; 1 \; ; \; r_1)$

$$v' = \begin{pmatrix} 1 & 1 \\ 4x_1 & -3x_2^2 \\ x_2 & x_1 \end{pmatrix}$$

$$u' * v' = \frac{\begin{vmatrix} 1 & 1 \\ 4x_1 & -3x_2^2 \\ x_2 & x_1 \end{vmatrix}}{(r_3 \; ; \; 1 \; ; \; r_1) \quad r_3 + 4x_1 + r_1 x_2 \quad r_3 - 3x_2^2 + r_1 x_1}$$

Nun werden $r_1$ und $r_3$ ersetzt:

$u' * v' = (\, x_1 x_2 + 4x_1 + (x_1 + x_2)x_2 \; ; \; (x_1 x_2) - 3x_2^2 + (x_1 + x_2)x_1 \,)$

$= (\, x_1 x_2 + 4x_1 + x_1 x_2 + x_2^2 \; ; \; x_1 x_2 - 3x_2^2 + x_1^2 + x_1 x_2 \,)$

$= (\, 2x_1 x_2 + x_2^2 + 4x_1 \; ; \; x_1^2 + 2x_1 x_2 - 3x_2^2 \,)$

# 6 Differentialgleichungen

**6.A** Die Differentialgleichung $\left(\frac{dy}{dx} = \right)$ $y' = 2(x+1)y$
lässt sich zu folgender Gleichung umformen:
$\int \frac{dy}{y} = \int (2x+2)\,dx$.

Bestimmen Sie die Funktion y(x) mit der Anfangsbedingung y(-1) = 1.

**6.B** Die Funktion $f : X \to \mathbb{R}$, $x \to f(x) = y$ erfüllt die Differentialgleichung
$$y' = \frac{y}{x+5}$$

Bestimmen Sie f durch Lösen der DGl unter Berücksichtigung der Anfangsbedingung $f(3) = -2$.

**6.C** Die Funktion $f: \mathbb{R} \to \mathbb{R}$, $x \to f(x) = y$ erfüllt die Differentialgleichung
$y' - xe^x y = 0$.

Bestimmen Sie f durch Lösung der DGl unter Berücksichtigung der Anfangsbedingung $f(0) = e$.

**6.D** Die Funktion $f: \mathbb{R} \to \mathbb{R}$, $x \mapsto f(x) = y$ erfüllt die inhomogene Differentialgleichung
$$xy' + y = x^2 + 1 \qquad x > 0$$

Bestimmen Sie f durch Lösen der Differentialgleichung unter Berücksichtigung der Anfangsbedingung $f(3) = 0$.

**6.E** Eine Funktion $Y : [0, \infty[ \to \mathbb{R}$ beschreibt den Absatz $Y = Y(t)$ eines Produktes im Zeitablauf. Die Elastizitätsfunktion

$\epsilon_{Y,t}(t) := \frac{Y'(t)}{Y(t)} \; t \quad$ sei wie folgt gegeben:

$\epsilon_{Y,t}(t) = \frac{t}{8+3t}$.

Bestimmen Sie die Absatzfunktion Y(t) durch Lösung der hieraus resultierenden Gleichung

$\int \frac{Y'(t)}{Y(t)}\,dt = \int \frac{1}{8+3t}\,dt$.

Dabei beträgt zur Zeit t=0 der Absatz Y(0) = 2.

**6.F** Die Funktion $f: \mathbb{R} \mapsto \mathbb{R}, x \mapsto f(x) = y$ erfüllt die inhomogene Differentialgleichung
$$\frac{y' - e^x}{y} = 1$$
Bestimmen Sie f durch Lösen der Differentialgleichung unter Berücksichtigung der Anfangsbedingung f(0) = 1.

**6.G**
a) Gegeben ist die Gleichung $f'(x) = -0{,}27 * f(x)$. Bestimmen Sie unter der Voraussetzung, dass f(0) = 3 gilt, f(x) und f(10).

b) Berechnen Sie alle Werte $x \in \mathbb{R}$, für die gilt $f'(x) = -0{,}14$.

# Lösungsvorschläge zu 6:

**6.A** In der Aufgabenstellung ist die Differentialgleichung bereits so umgestellt, dass die beiden Seiten der Gleichung nur noch integriert werden müssen:
$$\int \frac{dy}{y} = \int (2x+2)\, dx$$
$$\Leftrightarrow \ln|y| = x^2 + 2x + c$$

Auf der linken Seite sind die Betragsstriche zu beachten. Der Logarithmus ist nur für positive Argumente definiert. Die beiden Integrationskonstanten wurden zu einer neuen Integrationskonstanten zusammengefasst. Die Gleichung wird nach y aufgelöst:

$\ln|y| = x^2 + 2x + c \mid e^\wedge$

$\Leftrightarrow |y| = e^{x^2+2x+c}$

$\Leftrightarrow y = \pm\, e^{x^2+2x} * e^c$

$\Leftrightarrow y = e^{x^2+2x} * k \quad$ mit der neuen Konstanten $k = \pm e^c$

Setzt man nun die Anfangsbedingung für x und y ein, ergibt sich:

$1 = e^{(-1)^2 + 2(-1)} * k \quad \Leftrightarrow \quad 1 = e^{-1} * k \mid *e$

$\Leftrightarrow k = e$

Dieser Wert muss in die allgemeine Lösung eingesetzt werden, um die spezielle Lösung zu erhalten:

$\Rightarrow y = e^{x^2+2x} * e \quad \Leftrightarrow \quad y = e^{x^2+2x+1}$

**6.B** $\quad y' = \dfrac{y}{x+5} \;\Leftrightarrow\; \dfrac{dy}{dx} = \dfrac{y}{x+5} \quad |*dx\;/y$

Nun werden die Terme nach x und y sortiert und anschließend wird die sich ergebende Gleichung integriert:

$$\Leftrightarrow \dfrac{dy}{y} = \dfrac{dx}{x+5}$$

$$\Leftrightarrow \int \dfrac{dy}{y} = \int \dfrac{dx}{x+5}$$

$\Leftrightarrow \ln|y| = \ln|x+5| + c \quad | e\hat{\phantom{x}}$

$\Leftrightarrow |y| = e^{\ln|x+5| + c} \quad \Leftrightarrow |y| = e^{\ln|x+5|} * e^c$

$\Leftrightarrow |y| = |x+5| * e^c \quad \Leftrightarrow y = \pm(x+5) * e^c$

$e^c$ kann, da c frei aus $\mathbb{R}$ wählbar ist, alle Werte aus $\mathbb{R}^+$ annehmen. $\pm e^c$ kann somit alle Werte aus $\mathbb{R}$ ohne Null annehmen. Diese Konstante wird nun sinnvollerweise umbenannt:

$\pm e^c = k$

$\Rightarrow y = (x+5) * k$

Dieses ist die allgemeine Lösung der Differentialgleichung. Um die spezielle Lösung unter der gegebenen Anfangsbedingung zu ermitteln, muss die Anfangsbedingung in die Lösung eingesetzt werden. Somit ergibt sich für k bei der speziellen Lösung (für x 3 und für y −2 in die allgemeine Lösung einsetzen):

$\Leftrightarrow -2 = (3+5) * k$

$\Leftrightarrow k = -0{,}25$

Die spezielle Lösung lautet:

$y = -0{,}25(x+5)$

**6.C** $\quad y' - xe^x y = 0 \quad \Leftrightarrow \dfrac{dy}{dx} = xe^x y$

$$\Leftrightarrow \dfrac{dy}{y} = xe^x dx$$

$$\Leftrightarrow \int \dfrac{dy}{y} = \int xe^x dx$$

Das hintere Integral muss mit der Regel für partielle Integration gelöst werden, es gilt:

$\int f'g = fg - \int fg'$

Es sei nun $f'(x) = e^x$ und $g(x) = x$, daraus folgt

$f(x) = e^x$ und $g'(x) = 1$

$\Rightarrow \int xe^x dx = xe^x - \int e^x dx = xe^x - e^x + c = (x-1)e^x + c$

Für die Lösung der Differentialgleichung ergibt sich somit:

$\ln|y| = (x-1)e^x + c \quad | e^\wedge$

$\Leftrightarrow |y| = e^{(x-1)e^x} e^c$

$\Leftrightarrow y = \pm e^{(x-1)e^x} e^c = e^{(x-1)e^x} * k$

Für die spezielle Lösung folgt (x=0 und y=e einsetzen):

$e = e^{(0-1)e^0} * k \Leftrightarrow e = e^{-1}k \; | *e$

$\Leftrightarrow e^2 = k$

Somit lautet die spezielle Lösung:

$y = e^{(x-1)e^x} * e^2 = e^{(x-1)e^x + 2}$

**6.D** Hier kann die Formel zur Lösung von inhomogenen linearen Differentialgleichungen erster Ordnung benutzt werden. Diese lautet für Differentialgleichungen der folgenden Form:

$y' + p(x)*y = r(x)$

$y = e^{(-P(x)+P(x_0))} * \left( y_0 + \int_{x_0}^{x} r(t) * e^{(P(t)-P(x_0))} dt \right)$

Bei den Ausdrücken im Integral wurde x durch t ersetzt. Mit der angeführten Formel erhält man als Ergebnis direkt die spezielle Lösung. Alternativ kann man auch mit einer anderen, ewas einfacheren Formel zunächst die allgemeine Lösung und dann durch Einsetzen der Anfangsbedingung die spezielle Lösung ermitteln.

Die Differentialgleichung muss erst in die entsprechende Form gebracht werden:

$xy' + y = x^2 + 1 \;|/x \;\Leftrightarrow\; y' + \dfrac{1}{x} y = \dfrac{x^2+1}{x}$

Der Term vor dem y ist p(x). Für P(x) ergibt sich somit:

$P(x) = \int p(x)dx = \int \frac{1}{x} dx = \ln(x)$  $\Rightarrow P(t) = \ln(t)$

Da x > 0 gelten soll, braucht bei dem ln kein Betrag gebildet werden.

r(x) ist der Term auf der rechten Seite: $\frac{x^2+1}{x}$ $\Rightarrow r(t) = \frac{t^2+1}{t}$

Unter Berücksichtigung der Anfangsbedingungen ($x_0=3$, $y_0=0$) ergibt sich aus der Formel:

$$y = e^{(-\ln(x)+\ln(3))} * \left(0 + \int_3^x \frac{t^2+1}{t} * e^{(\ln(t)-\ln(3))} dt \right)$$

$$\Leftrightarrow y = e^{-\ln(x)} * e^{\ln(3)} * \int_3^x \frac{t^2+1}{t} * e^{\ln(t)} * e^{-\ln(3)} dt$$

$$\Leftrightarrow y = (e^{\ln(x)})^{-1} * 3 * \int_3^x \frac{t^2+1}{t} * |t| * (e^{\ln(3)})^{-1} dt$$

$$\Leftrightarrow y = 3x^{-1} * \int_3^x \frac{t^2+1}{t} * t * 3^{-1} dt$$

$$\Leftrightarrow y = x^{-1} * \int_3^x t^2 + 1 \, dx$$

$$\Leftrightarrow y = \pm x^{-1} * [\tfrac{1}{3}t^3 + t]_3^x$$

$$\Leftrightarrow y = x^{-1} * (\tfrac{1}{3}x^3 + x - (\tfrac{1}{3}3^3 + 3))$$

$$\Leftrightarrow y = \tfrac{1}{3}x^2 + 1 - 12x^{-1}$$

**6.E** $\quad \int \frac{Y'(t)}{Y(t)} dt = \int \frac{1}{8+3t} dt$ .

Das linke Integral sieht komplizierter aus, als es ist, denn der gegebene Quotient ergibt sich gerade als Ableitung von $\ln|Y(t)|$. Die äußere Ableitung von $\ln|Y(t)|$ ist $1/Y(t)$ und die innere Ableitung $Y'(t)$. Das Integral auf der rechten Seite ergibt sich über den ln des Nenners. Die äußere Ableitung des ln ergibt den Nenner, die innere Ableitung von 3 wird duch die $\frac{1}{3}$ kompensiert.

$\Leftrightarrow \ln|Y(t)| = \tfrac{1}{3} \ln|8+3t| + c \;|e^\wedge$

$\Leftrightarrow |Y(t)| = e^{\frac{1}{3}\ln|8+3t|+c}$

Nun wird eine Rechenregel für Exonenten angewendet:

$\Leftrightarrow |Y(t)| = \left(e^{\ln|8+3t|}\right)^{\frac{1}{3}} * e^c$

$\Leftrightarrow Y(t) = \pm |8+3t|^{\frac{1}{3}} * e^c$

$\Leftrightarrow Y(t) = k(8+3t)^{\frac{1}{3}}$ mit $k = \pm e^c$

Für die spezielle Lösung folgt nun:

$2 = k(8+3*0)^{\frac{1}{3}} \Leftrightarrow 2 = 2k \Leftrightarrow k = 1$

$\Rightarrow Y(t) = (8+3t)^{\frac{1}{3}}$

**6.F** $\quad \dfrac{y' - e^x}{y} = 1$

Hier handelt es sich um eine inhomogene lineare Differentialgleichung erster Ordnung. Die Lösung wird wie bei Aufgabe 4.D mittels der Lösungsformel ermittelt:

$\Leftrightarrow y' - e^x = y \Leftrightarrow y' - y = e^x$

$\Rightarrow p(x) = -1 \Rightarrow P(x) = -x \qquad r(x) = e^x$

$y = e^x * (1 + \int_0^x e^t * e^{-t} dt)$

$\Leftrightarrow y = e^x * (1 + \int_0^x 1 \, dt)$

$\Leftrightarrow y = e^x * (1 + [t]_0^x)$

$\Leftrightarrow y = e^x * (1 + x)$

**6.G a)** Entweder erkennt man die Lösung dieser einfachen Differentialgleichug sofort, oder man berechnet die Lösung. Schreibt man y statt f(x), lautet die Gleichung:

$y'(x) = -0{,}27 \, y(x)$

$\Leftrightarrow \dfrac{dy}{dx} = -0{,}27 \, y$

$\Leftrightarrow \dfrac{1}{y} dy = -0{,}27 \, dx$

$\Leftrightarrow \int \dfrac{1}{y} dy = \int -0{,}27 \, dx$

$\Leftrightarrow \ln|y| = -0{,}27x + c$

$\Leftrightarrow |y| = e^{-0{,}27x + c}$

$\Leftrightarrow y = k\, e^{-0{,}27x}$

Mit der Anfangsbedingung y(0) = 3 ergibt sich:

$3 = k\, e^{-0{,}27 * 0}$

$\Leftrightarrow k = 3$

Es gilt also $f(x) = 3 * e^{-0{,}27x}$

Für f(10) ergibt sich:

$f(10) = 3 * e^{-0{,}27 * 10} = 3 * e^{-2{,}7} = 0{,}202$

**b)**  $f'(x) = -0{,}27 * 3\, e^{-0{,}27x}$

$\Rightarrow -0{,}81\, e^{-0{,}27x} = -0{,}14$

$\Leftrightarrow e^{-0{,}27x} = 0{,}1728$

$\Leftrightarrow -0{,}27x = \ln(0{,}1728)$

$\Leftrightarrow x = 6{,}502$

# 7 Finanzmathematik

**7.A** Welche Alternative ist bei einem Zinssatz von 5% günstiger?
1. Sie erhalten sofort 1.000 EUR.
2. Sie erhalten sofort 400 EUR und nach Ablauf von einem sowie zwei Jahren erneut jeweils 400 EUR.

Begründen Sie Ihre Entscheidung.

**7.B** Auf einem Sparvertrag werden 15 Jahre lang 6.000 EUR jeweils zum Jahresende eingezahlt. Der vereinbarte Zinssatz beträgt 8,25% p.a. In den nachfolgenden 20 Jahren soll bei einem Zinssatz von 5,75% p.a. eine konstante, vorschüssige Jahresrente gezahlt werden. Wie hoch ist diese Jahresrente, wenn das angesparte Kapital vollständig verbraucht wird?

**7.C** Ein Arbeitnehmer möchte mit Eintritt in den Ruhestand für 20 Jahre eine vorschüssige Jahresrente von 6.000 EUR ausgezahlt bekommen. Das hierfür erforderliche Kapital soll im Lauf von 15 Jahren durch nachschüssig gezahlte Jahresbeträge angespart werden. Zu Beginn der Ansparperiode werden einmalig 10.000 EUR eingezahlt. Wie hoch sind die einzuzahlenden Jahresbeträge, wenn der Zinssatz während der gesamten Laufzeit 6% beträgt?

**7.D** Für die Rückzahlung einer zum 01.01.92 aufgenommenen Hypothek sind 15 vorschüssige Annuitäten R = 25.019,73 EUR vereinbart worden. Die erste Zahlung soll zum 01.01.95 erfolgen, der Zinssatz beträgt 8,25% p.a.

a) Wie hoch ist die Hypothek?

b) Durch welche Restzahlung könnte die Schuld per 31.12.2004 abgelöst werden?

**7.E** Zum 01.01.2005 wird ein Kredit über 50.000 EUR aufgenommen. Dieser Kredit soll am 01.01.2010 inkl. aller Zinsen zurückgezahlt werden. Wie hoch ist die Rückzahlung bei kontinuierlicher Verzinsung mit einem jährlichen Zinssatz von 4%?

**7.F** Der jährliche Zinssatz, mit dem ein Anfangskapital $K_0$ bei jährlicher Zinszahlung verzinst wird, beträgt 5%. Das Kapital, das sich entsprechend nach t Jahren mit Zinseszinsen ergibt, sei mit $K_t$ bezeichnet. Bei welchem Zinssatz würde man bei kontinuierlicher Verzinsung bei demselben Anfangskapital $K_0$ nach t Jahren dasselbe Endkapital $K_t$ erhalten?

# Lösungsvorschläge zu 7:

**7.A** Hier berechnet man am einfachsten den Barwert. Denn für die erste Alternative sind die 1.000 EUR ja gerade der Barwert. Die Zahlungen der zweiten Alternative müssen abgezinst werden. Da es sich hier um sehr wenig Zahlungen handelt, kann man auch ohne Formeln arbeiten. Für den Barwert der zweiten Alternative ergibt sich:

$$B_2 = 400 + \frac{400}{1.05} + \frac{400}{1.05^2} = 1.143{,}76$$

Der Barwert der zweiten Alternative ist also deutlich höher, so dass diese vorzuziehen ist.

**7.B** Hier kann die Berechnung in zwei Schritten erfolgen. Zunächst kann der Endwert des Sparvertrages berechnet werden:

$$E_{Sp} = 6000 * \frac{1.0825^{15} - 1}{1.0825 - 1} = 16.611{,}7575$$

Dieses Kapital soll nun durch die Rentenzahlungen über 20 Jahre vollständig aufgebraucht werden. Somit stellt es den Barwert der Rentenzahlungen dar. Da die Renten vorschüssig gezahlt werden, ergibt sich:

$$B_{Re} = 166.117{,}575 = R * \frac{1}{1.0575^{19}} * \frac{1.0575^{20} - 1}{1.0575 - 1}$$

$\Leftrightarrow R = 13.418{,}77$ EUR

**7.C** Das nach 15 Jahren angesparte Kapital soll gerade 20 Jahre lang vorschüssige Zahlungen von jährlich 6.000 EUR ergeben. Hierfür werden einerseits 10.000 EUR angelegt und andererseits wird ein

Betrag X jährlich gespart. Somit ergibt sich für das Kapital nach 15 Jahren:

$$K_{15} = 10.000 * 1.06^{15} + X * \frac{1.06^{15} - 1}{1.06 - 1}$$

Dieses Kapital soll dann der Barwert von 20 vorschüssigen Raten über jeweils 6.000 EUR sein:

$$10.000 * 1.06^{15} + X * \frac{1.06^{15} - 1}{1.06 - 1} = 6.000 * \frac{1}{1.06^{19}} * \frac{1.06^{20} - 1}{1.06 - 1}$$

Diese Gleichung kann nun nach X aufgelöst werden:

$$X = (6.000 * \frac{1}{1.06^{19}} * \frac{1.06^{20} - 1}{1.06 - 1} - 10.000 * 1.06^{15}) * \frac{1.06 - 1}{1.06^{15} - 1}$$

$\Leftrightarrow X = 2.104{,}45$ EUR

## 7.D

a) Als Endwert ergibt sich für die 15 vorschüssigen Raten:

$$E = R \frac{q^n - 1}{q - 1} = 1{,}0825 * 25.019{,}73 \frac{1{,}0825^{15} - 1}{1{,}0825 - 1} = 749.850{,}79$$

Die Höhe der Hypothek ist der auf den 1.1.92 abgezinste Wert der Ratenzahlungen. Es muss also um **18 Jahre** abgezinst werden.

$$749.850{,}79 * \frac{1}{1{,}0825^{18}} = 180.000$$

Die Hypothek beträgt 180.000,- EUR.

b) Am 31.12.2004 stehen noch 5 vorschüssige Zahlungen aus. Gesucht ist der Barwert der restlichen Zahlungsreihe zum 31.12.2004.

$$B = R \frac{1}{q^n} \frac{q^n - 1}{q - 1}$$

$$= 1{,}0825 * 25.019{,}73 \frac{1}{1{,}0825^5} \frac{1{,}0825^5 - 1}{1{,}0825 - 1} = 107.429{,}18$$

Die Restzahlung müsste 107.429,18 EUR betragen.

**7.E** Bei einer kontinuierlichen (stetigen) Verzinsung ergibt sich der Endwert über die folgende Formel:

$$E = K_0 * e^{i*t}$$

Hierbei ist $K_0$ das Anfangskapital, i der Zinssatz und t die Zeit. Entsprechend ergibt sich:

$$E = 50.000 * e^{0,04*5} = 61.070,14$$

Die Rückzahlung beträgt also 61.070,14 EUR.

**7.F** In diesem Fall ist der Zinssatz für eine kontinuierliche Verzinsung gesucht, bei dem sich das gleiche Endkapital wie bei einer jährlichen Verzinsung mit 5% ergibt. Für den Endwert bei einer jährlichen Verzinsung mit 5% gilt:

$$E = K_0 * (1 + 0,05)^t = K_0 * 1,05^{\,t}$$

Für den Endwert bei der kontinuierlichen Verzinsung gilt:

$$E = K_0 * e^{i*t}$$

Hierbei ist i der Zinssatz der kontinuierlichen Verzinsung. Da beide Endwerte identisch sein sollen, muss gelten:

$$K_0 * 1,05^{\,t} = K_0 * e^{i*t} \mid /K_0$$
$$\Leftrightarrow 1,05^{\,t} = e^{i*t} \mid \ln$$
$$\Leftrightarrow \ln(1,05^{\,t}) = \ln(e^{i*t})$$
$$\Leftrightarrow t*\ln(1,05) = i*t \mid /t$$
$$\Leftrightarrow \ln(1,05) = i$$
$$\Leftrightarrow i = 0,04879 = 4,879\%$$

Bei einem Zinssatz von 4,879% entspricht somit die Verzinsung einer kontinuierlichen Verzinsung einer jährlichen Verzinsung mit 5%.

# 8 Aussagenlogik und Mengen

**8.A** Ermitteln Sie für die nachfolgenden Aussagen die Wahrheitswerte. Geben Sie auch an, falls es sich um Tautologien oder Kontradiktionen handelt.

a) $A \vee \overline{A} \Rightarrow B$

b) $A \wedge \overline{A} \Rightarrow B$

c) $A \vee \overline{A} \Rightarrow B \wedge \overline{B}$

d) $A \wedge B \Rightarrow A$

e) $( A \wedge B \Rightarrow C ) \Leftrightarrow ( \overline{C} \Rightarrow \overline{A} \vee \overline{B} )$

**8.B** Gegeben sei die Menge M mit M = {0, {a, b}, c, d}. Untersuchen Sie, welche der folgenden Aussagen wahr bzw. falsch sind.

a) $c \in M$      b) $\{d\} \subset M$      c) $\{a, b\} \subset M$

d) $\{a, b\} \in M$      e) $\{\{a, b\}\} \subset M$      f) $\{0\} \in M$

g) $\{c, d, 0\} \subset M$      h) $\{a, 0\} \subset M$

**8.C** Gegeben seien die Mengen A, B, C mit

$A = \{x \in \mathbb{R} \mid x > -2 \wedge x \leq 1\}$

$B = \{x \in \mathbb{Z} \mid x < 4\}$

$C = \{x \in \mathbb{N} \mid x < 3\}$

Bestimmen Sie:

a) $A \cap B$      b) $A \cup B$      c) $A \cap C$

d) $C \setminus A$      e) $A \setminus C$

# Lösungsvorschläge zu 8:

**8.A** Es ergeben sich folgende Wahrheitstafeln:

a)

| $A$ | $B$ | $\overline{A}$ | $A \vee \overline{A}$ | $A \vee \overline{A} \Rightarrow B$ |
|---|---|---|---|---|
| w | w | f | w | w |
| w | f | f | w | f |
| f | w | w | w | w |
| f | f | w | w | f |

b)

| $A$ | $B$ | $\overline{A}$ | $A \wedge \overline{A}$ | $A \wedge \overline{A} \Rightarrow B$ |
|---|---|---|---|---|
| w | w | f | f | w |
| w | f | f | f | w |
| f | w | w | f | w |
| f | f | w | f | w |

Die Aussage ist immer wahr, somit handelt es sich um eine Tautologie.

c)

| $A$ | $B$ | $\overline{A}$ | $\overline{B}$ | $A \vee \overline{A}$ | $B \wedge \overline{B}$ | $A \vee \overline{A} \Rightarrow B \wedge \overline{B}$ |
|---|---|---|---|---|---|---|
| w | w | f | f | w | f | f |
| w | f | f | w | w | f | f |
| f | w | w | f | w | f | f |
| f | f | w | w | w | f | f |

Die Aussage ist immer falsch, somit handelt es sich um eine Kontradiktion.

d)

| $A$ | $B$ | $A \wedge B$ | $A \wedge B \Rightarrow A$ |
|---|---|---|---|
| w | w | w | w |
| w | f | f | w |
| f | w | f | w |
| f | f | f | w |

Die Aussage ist immer wahr, somit handelt es sich um eine Tautologie.

e)

| A | B | C | A∧B | A∧B⇒C | Ā | B̄ | C̄ | Ā∨B̄ | C̄⇒Ā∨B̄ | A∧B⇒C ⇔ C̄⇒Ā∨B̄ |
|---|---|---|---|---|---|---|---|---|---|---|
| w | w | w | w | w | f | f | f | f | w | w |
| w | w | f | w | f | f | f | w | f | f | w |
| w | f | w | f | w | f | w | f | w | w | w |
| w | f | f | f | w | f | w | w | w | w | w |
| f | w | w | f | w | w | f | f | w | w | w |
| f | w | f | f | w | w | f | w | w | w | w |
| f | f | w | f | w | w | w | f | w | w | w |
| f | f | f | f | w | w | w | w | w | w | w |

Die Aussage ist immer wahr, somit handelt es sich um eine Tautologie.

**8.B**
a) c ∈ M                wahr
b) {d} ⊂ M              wahr
c) {a, b} ⊂ M           falsch, die Menge {a, b} ist ein Element der Menge M, aber keine Teilmenge
d) {a, b} ∈ M           wahr
e) {{a, b}} ⊂ M         wahr
f) {0} ∈ M              falsch
g) {c, d, 0} ⊂ M        wahr
h) {a, 0} ⊂ M           falsch, a ist kein Elemt von M und kann daher auch in keiner Teilmenge von M enthalten sein

**8.C** Nachfolgend sind die Lösungen angeführt. (Für die Menge ℕ wird hierbei die übliche Definition ℕ = {1, 2, 3, ...} verwendet, die 0 ist also in ℕ nicht enthalten.)

a) A ∩ B = {-1, 0, 1}

b) A ∪ B = $\{x \in \mathbb{R} \mid x > -2 \wedge x \leq 1\} \cup \{2, 3\}$

c) A ∩ C = {1}

d) C \ A = {2}

e) A \ C = $\{x \in \mathbb{R} \mid x > -2 \wedge x < 1\}$

# Oberstufenmathematik leicht gemacht

## Band 1: Differential- und Integralrechnung
## Band 2: Lineare Algebra/Analytische Geometrie

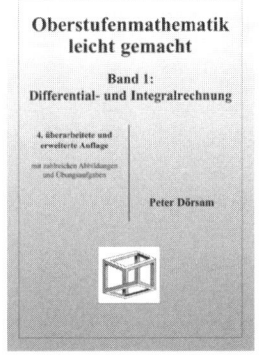

„Da waren nämlich noch diese zwei grünen Bücher mit dem verheißungsvollen - oder zynischen? - Titel "Oberstufenmathematik leicht gemacht". Und was soll ich sagen - es war genau das, was ich gesucht hatte! Die verwendeten Begriffe waren die, die ich aus dem Unterricht kannte. Jedes Thema war langsam und verständlich aufgebaut und es schlossen sich Aufgaben an, deren Lösungsweg klar dargestellt war. Schade, daß ich das Buch noch nicht zu Anfang der 11. hatte! Aber ihr habt ja noch genug Zeit, euch mit dem wohl meistgehassten Fach zu versöhnen. Mathe nicht zu mögen, ist jedenfalls kein Grund, Mathe nicht zu verstehen!"

*Quelle: Sabine Storm in Stachelschwein, Jugendmagazin am Gymnasium Laurentianum zu Arnsberg., 1999*

„Das Lernen mit diesem Buch fällt auch deswegen leicht, weil es den Leser nicht mit Tausenden von Spezialfällen und spitzfindigen Rechentricks verwirrt, sondern sich auf das Grundsätzliche und Wesentliche (im wahrsten Sinne des Wortes) beschränkt. Wer dieses Buch gelesen hat, wird zwar nicht gleich ein Einstein werden, zumindest aber das Wesen und das Prinzipielle der Differential- und Integralrechnung kennen und vielleicht verstanden haben."

*Quelle: Fehlanzeiger 2/98 Schülerzeitung der IGS Mühlenberg*

„Der Autor ist bemüht, sein Buch so zu gestalten, daß es von Schülern wirklich verstanden werden kann. So wird auch der Stoff, der für die Lösung der Aufgaben dieses Buches benötigt wird, im Buch und in einem umfangreichen Anhang über alle wichtigen Rechenregeln (z.B. Bruchrechenregeln, Logarithmen, verschiedene Gleichungen etc.) kurz beschrieben. Ich kann das Buch anderen Schülern empfehlen. Mir hat es gut gefallen und es war mir auch bei den Hausaufgaben der 13. Klasse eine Hilfe."

*Quelle: Frank Eichinger in Impulz: Jugendmagazin der FWS Hannover-Maschsee Nr. 58, November 1997*

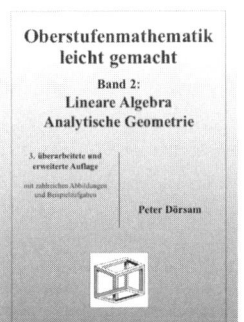

### www.pd-verlag.de

**Oberstufenmathematik leicht gemacht**
Band 1: Differential- und Integralrechnung, 4. Auflage, 270 S., ISBN 3-930737-04-3
Band 2: Lineare Algebra/Analytische Geometrie, 3. Auflage, 312 S., ISBN 3-930737-63-9

"Ein übersichtliches und klares Werk, überzeugend durch recht ausführliche Erläuterungen und andererseits den Mut zur inhaltlichen Beschränkung."

Besprechung der Einkaufszentrale für öffentliche Bibliotheken

# Index

## A
abelsche Gruppe 38
Ableitung 111
Ableitungsmatrix 157
adjungierte Matrix 22, 42
allgemeine Lösung 160
Anfangsbedingung 159
Annuität 166
Assoziativgesetz 11
Aussagen 170

## B
Barwert 167
Basis 28, 29, 30, 35, 37, 41
Basisvektor 35
Betrag 86
bijektiv 112, 113

## C
charakteristischer Quotient 73, 74

## D
Deckungsbeitrag 95
definit 140
Definitionsbereich 99
Definitionsmenge 96, 114, 117, 120, 126
det 42
Determinante 22, 25, 27, 35, 48, 50, 54
Differential 155
Differentialgleichung 159, 160, 162
differenzierbar 111
Dimension 28, 29, 30, 36, 37, 41
Dreiecksform 56
Durchschnittsertrag 94, 100

## E
e-Funktion 130
Eigenwert 67
Einheitsmatrix 13, 22
Elastizitätsfunktion 159
Endwert 168, 169
erweiterte Koeffizienten-Matrix 58
explizite Matrixdefinition 9
Extremwerte 94, 96, 99, 136, 137, 144

## F
Falksche-Schema 10

## G
Gauß-Algorithmus 52, 53, 56, 57, 64, 147, 150
Geradengleichung 61
Gewinnfunktion 139
Gleichungssystem 37, 56, 67
globales Extremum 97, 136
grad 154
Gradient 133, 134, 135, 136, 141
Grenzkostenfunktion 120
Grenzproduktivität 94, 100
Grenzwerte 83, 86, 87, 88, 114, 130
Grenzwertsätze 86
Gruppe 38

## H
Häufungspunkt 84, 85
Hauptdiagonale 45
Hauptnenner 90, 93
Hesse-Matrix 136, 138, 140, 142
Hochpunkt 97, 98, 109, 148
homogen 131, 132
homogenes Gleichungssystem 26
Homogenitätsgrad 131

## I
inhomogene Differentialgleichung 159, 160
injektiv 112, 113, 117
Integral 119, 121, 162
Integralfunktion 94
Integrationskonstante 160
Inverse 22, 42, 44, 47, 51

| | |
|---|---:|
| inverses Element | 38 |
| invertierbar | 19, 45 |
| invertieren | 42 |

## K

| | |
|---|---:|
| Kapazitätsbeschränkung | 72 |
| Kettenregel | 126, 156 |
| klassifizieren von Extrema | 94 |
| Koeffizientenmatrix | 26 |
| Körper | 29 |
| kommutativ | 18, 38 |
| kontinuierliche Verzinsung | 166, 167 |
| Kontradiktion | 170, 171 |
| konvergent | 91 |
| Konvergenz | 84, 85 |
| Kostenfunktion | 120 |

## L

| | |
|---|---:|
| l´Hospital | 84, 86, 88, 91, 115, 130 |
| Lagrange-Ansatz | 143, 144 |
| Lagrangefunktion | 145, 148, 149 |
| Lagrangeparameter | 145 |
| linear abhängig | 24, 30, 70 |
| linear unabhängig | 35, 70 |
| lineare Abhängigkeit | 41 |
| lineare Optimierung | 71 |
| lineares Gleichungssystem | 56 |
| Linearkombination | 24, 28, 36, 37 |
| Lösbarkeitsbedingung für LGS | 64 |
| Lösungsmenge | 61 |
| lokale Extrema | 94 |

## M

| | |
|---|---:|
| Matrix der 2. partiellen Ableitungen | 138 |
| Matrizen | 9, 13, 37, 59 |
| Matrizengleichung | 16, 20 |
| Matrizenprodukt | 10, 20 |
| Maximierungsproblem | 71 |
| Maximum | 98, 99, 100, 107, 139, 140 |
| mehrdimensionale Kettenregel | 156, 158 |
| Mengen | 170 |
| Minimum | 98, 139 |

| | |
|---|---:|
| mögliche Extremstelle | 140 |
| monoton steigend | 104 |
| Monotoniebereiche | 96, 109 |

## N

| | |
|---|---:|
| Nebendiagonale | 45 |
| negativ definit | 139, 140 |
| neutrales Element | 38 |
| nichtsingulär | 19 |
| nilpotent | 67 |
| Nulllösung | 26 |
| Nullstellen | 67, 96, 98, 99, 101 |
| Nullvektor | 38, 39 |
| Nutzenfunktion | 152 |

## P

| | |
|---|---:|
| partielle Ableitung | 137, 140, 145, 155 |
| partielle Integration | 123, 129 |
| Pivotelement | 74 |
| Pivotspalte | 73, 75, 80, 81 |
| Pivotzeile | 74, 81 |
| Polstelle | 87 |
| Polynomdivision | 86 |
| positiv definit | 139 |
| Produktionsfaktoren | 144, 154 |
| Produktregel | 100, 101, 123, 134 |
| Produzentenrente | 95 |
| Punkt-Richtungsform | 61 |

## Q

| | |
|---|---:|
| quadratische Ergänzung | 48, 97 |
| quadratische Gleichung | 48 |
| Quotientenregel | 114, 134 |

## R

| | |
|---|---:|
| Randextrema | 96, 99, 104 |
| Rang | 26, 36, 42, 43, 50, 53, 54, 65 |
| Regel von l´Hospital | 86 |
| reguläre Matrix | 52 |
| Richtungsvektor | 61 |

## S

| | |
|---|---|
| Sattelpunkt | 101, 137 |
| Simplexalgorithmus | 72 |
| singuläre Matrix | 42, 44, 52, 55, 67, 70 |
| Skalarmultiplikation | 31 |
| Spaltenvektor | 25 |
| spezielle Lösung | 160 |
| Stammfunktion | 119, 121, 123, 126 |
| stationäre Stellen | 144, 151, 153 |
| stetig | 111, 116 |
| stetige Verzinsung | 169 |
| Substitution | 121, 122, 123, 124, 128 |
| surjektiv | 112, 113 |
| symmetrische Matrix | 16 |

## T

| | |
|---|---|
| Tautologie | 170, 171 |
| Teilmenge | 172 |
| Tiefpunkt | 98, 101, 105, 148 |
| totales Differential | 154 |
| transponiert | 21 |
| Transposition | 18 |

## U

| | |
|---|---|
| Umkehrfunktion | 111, 123 |
| unterbestimmte Gleichungssysteme | 58 |
| Unterdeterminante | 22 |
| Unterraum | 40 |

## V

| | |
|---|---|
| Vektoren | 36 |
| Vektorgleichung | 26, 58 |
| Vektorraum | 28, 29, 31, 36 |
| Vektorraumaxiome | 38 |
| Vorzeichenschema | 22 |
| Vorzeichenwechsel | 101, 109 |

## W

| | |
|---|---|
| Wahrheitstafel | 171 |
| Wahrheitswerte | 170 |
| Wertemenge | 117 |
| Wurzel | 118 |

## Z

| | |
|---|---|
| Zeilen-Stufen-Form | 59, 64 |
| Zeilenumformungen | 46 |
| Zeilenvektor | 25 |
| Zielfunktion | 71, 77 |
| zweifach unterbestimmtes LGS | 63, |